VIE

DE LA VÉNÉRÉE

ANNE-ELISABETH GOTTRAU

ABBESSE DES BERNARDINES DE LA MAIGRAUGE

ŒUVRE POSTHUME DE DOM MARCEL MOREAU

DIRECTEUR DU MONASTÈRE (1803)

suivie de Notices sur

LA SOEUR ELISABETH CASTELLA

LA SOEUR MARIE REIFF

ET

LA MÈRE CATHERINE CASTELLA

ÉDITÉE PAR LE DIRECTEUR ACTUEL

M. CHARLES RUÉDIN

FRIBOURG

IMPRIMERIE DE SAINT-PAUL

259, rue de Morat, 259

1884

VIE

DE LA VÉNÉRÉE

ANNE-ELISABETH GOTTRAU

ABBESSE DES BERNARDINES DE LA MAIGRAUGE

VIE

DE LA VÉNÉRÉE

ANNE-ELISABETH GOTTRAU

ABBESSE DES BERNARDINES DE LA MAIGRAUGE

ŒUVRE POSTHUME DE DOM MARCEL MOREAU

DIRECTEUR DU MONASTÈRE (1803)

suivie de Notices sur

LA SOEUR ELISABETH CASTELLA

LA SOEUR MARIE REIFF

ET

LA MÈRE CATHERINE CASTELLA

ÉDITÉE PAR LE DIRECTEUR ACTUEL

M. CHARLES RUÉDIN

FRIBOURG

IMPRIMERIE DE SAINT-PAUL

259, rue de Morat, 259

1884

Vénérée Anne-Elizabeth Gottrau, Abbesse
de la Maigrauge, morte en odeur de sainteté en 1657.

VIE

DE LA VÉNÉRÉE

ANNE-ELISABETH GOTTRAU

ABBESSE DES BERNARDINES DE LA MAIGRAUGE

ŒUVRE POSTHUME DE DOM MARCEL MOREAU

DIRECTEUR DU MONASTÈRE (1803)

suivie de Notices sur

LA SOEUR ELISABETH CASTELLA

LA SOEUR MARIE REIFF

ET

LA MÈRE CATHERINE CASTELLA

ÉDITÉE PAR LE DIRECTEUR ACTUEL

M. CHARLES RUÉDIN

✠

FRIBOURG

IMPRIMERIE DE SAINT-PAUL

259, rue de Morat, 259

1884

ÉVÊCHÉ

de

LAUSANNE ET GENÈVE

FRIBOURG (Suisse)

Fribourg, le 6 mars 1884.
En la fête de sainte Colette.

Monsieur l'Aumônier,

Je ne puis assez vous féliciter de remettre en lumière la vie de quelques religieuses de notre antique abbaye de la Maigrauge ; cette publication répond à une de mes plus vives et plus chères sollicitudes épiscopales. Dieu a conservé, malgré toutes les vicissitudes, sur ce sol catholique de Fribourg, des monastères qui abritent depuis plus de six siècles des âmes vouées à l'austérité et à la contemplation. Dans notre temps de vérités diminuées et de vertus amoindries, où les principes et les pratiques de la vie chrétienne subissent quelque altération, il est nécessaire de retrouver ces types de vierges courageuses et de veuves héroïques qui meurent au monde et s'offrent à Dieu en holocauste. L'incrédule sourit à la vue de ces cloîtres qu'il ne regarde souvent que comme le refuge de puériles dévotions et d'une paisible oisiveté ; des chrétiens même, au sens surnaturel affaibli, croient peu à l'utilité de ces existences claustrales et n'admirent guère que l'activité charitable ; la place de Marie, aux pieds du Seigneur et *que le Maître a louée comme* LA MEILLEURE PART, *est médio-crement appréciée. Votre publication écartera, je l'espère, bien des préjugés.*

Les biographies de ces quatre religieuses mortes en odeur de sainteté : Elisabeth Castella, Marie Reiff et Anne-Elisabeth Gottrau, au XVIIe siècle, et Catherine Castella, au XVIIIe, ont été écrites en pleine tempête révolutionnaire, par un pieux Directeur du monastère ; le style en est sobre, grave et n'est pas dépourvu d'éclat littéraire. Elles seront lues avec avidité et avec fruit par les âmes ferventes ; plusieurs de nos anciennes familles y trouveront des souvenirs qui sont des bénédictions de Dieu et de l'honneur devant les hommes. L'auteur, dans sa préface, déclare qu'il a puisé le récit de ces vertus énergiques et de ces faits surprenants aux sources les plus pures et interrogé les témoignages les plus autorisés. Nos deux monastères de la Maigrauge et de Notre-Dame de la Fille-Dieu appartiennent au grand arbre de Cîteaux ; les fastes de cet Ordre illustre se relient à l'histoire de l'Eglise depuis la fin du XIe siècle ; c'est pour nous un devoir de piété filiale de ne pas laisser dans l'ombre ces existences cachées qui sont pour notre pays un patrimoine glorieux ; l'oubli n'est pas loin de l'ingratitude.

L'Evêque ne peut ignorer les secours que l'Eglise reçoit de ces oasis élevées sous l'inspiration et le patronage de saint Robert d'Arbrisselle, de saint François d'Assise, de saint Dominique, de sainte Ursule, de saint François de Sales et de saint Vincent de Paul, comme il ne peut méconnaître toutes les immunités et tous les privilèges dont l'Epouse du Christ a orné ces citadelles de paix où combattent, par la prière et le sacrifice, l'élite de ses vierges.

Puissent ces pages rajeunies susciter des enthousiasmes pour la vie religieuse, faire renaître au milieu de nous le goût et l'attrait de la vie crucifiée, réapprendre à une génération trop distraite les allégresses et les suavités de la vie monastique. Ce ne sont pas là des exagérations mystiques ; le fait est indiscutable, le bonheur du cloître s'exhale de ces cellules et de ces autels où la pureté et l'immolation sont conservées. « Là, disait saint Bernard, « l'âme vit plus saintement, offense Dieu plus rarement, « se relève plus vite, elle reçoit plus fréquemment la « consolation céleste. Le repos n'y a pas d'inquiétude et « la mort y est reçue avec une douce confiance. »

Déjà aux premiers siècles, saint Grégoire de Nazianze, poète et philosophe, adressait à l'empereur Julien cette apologie des âmes vouées à la contemplation : « Vois-tu, lui disait-il, ces êtres posés sur la terre et vivant au-dessus de tout ce qui est terrestre ? mêlés aux hommes et plus grands que tout ce qui est humain ; assujettis et libres ; dépendants et souverains ; n'ayant rien dans le monde et possédant ce qui est par delà le monde ? Vois-tu ces êtres que la mortification rend immortels et que la mort unit à Dieu ? Etrangers à la convoitise et brûlants de ce divin amour dont rien n'altère la quiétude ? Ils ont la lumière dans sa source et déjà la voient rayonner. Les cantiques des anges sont leurs chants : la nuit leur est encore un jour : ils y veillent et leur esprit, déjà ravi dans le ciel, s'élance pour se perdre en Dieu. Ils sont purs et sans cesse ils se purifient, car ils n'assignent point d'avance un terme à leurs progrès ; ils ont même la prétention d'être déifiés sans mesure. A peine sont-ils couverts et leur robe est incorruptible. On dirait qu'ils sont seuls et ils ont une compagnie céleste. Les voluptés leur sont sévèrement interdites et les délices où leur âme est plongée défient tous les discours. Leurs pleurs sont un déluge qui noie les péchés et lave les souillures du monde. Leurs mains étendues pour prier éteignent les incendies, endorment les bêtes féroces, émoussent les épées, mettent les armées en déroute et finiront, sois-en sûr, ô empereur apostat, par vaincre même ton impiété [1]. »

Ces affirmations sont des réalités vivantes encore sous nos yeux !

Les notes que vous ajoutez au texte, quoique légitimées par l'amour de la discipline, ont une empreinte de sévérité que j'apprécie. Je vous remercie donc de votre publication opportune ; j'ose espérer que quelques âmes vous devront l'intelligence de ce don céleste de la vocation religieuse ; vous aurez travaillé à la gloire de Dieu, à l'amour du Sauveur, à l'honneur de l'Eglise et au salut du peuple.

Recevez, Monsieur l'Aumônier, l'assurance de mes sentiments affectueux en N.-S. Jésus-Christ.

† GASPARD,

Evêque de Lausanne et Genève.

---

[1] S. Greg. Naz. Orat., IV, contra Julian, cap. 71, cité par Mgr Gay dans son admirable livre de la *Vie et des Vertus chrétiennes*.

ÉPITRE DÉDICATOIRE

A MONSIEUR ROBERT GENDRE

RÉVÉRENDISSIME SEIGNEUR ABBÉ D'HAUTERIVE

(ORDRE DE CITEAUX)

PÈRE IMMÉDIAT DES MONASTÈRES DE LA MAIGRAUGE

ET DE LA FILLE-DIEU.

L'Ordre de Cîteaux est un arbre mystique qui, sur la fin du onzième siècle, a pris racine en France, dans le duché de Bourgogne. Bientôt, dans toute l'étendue de l'Europe et au-delà, cet arbre développa ses branches, sous lesquelles une infinité de personnes inspirées de Dieu se sont mises à l'ombre, pour se garantir de l'incendie de Sodome, c'est-à-dire de la contagion du monde pervers et corrompu. Ces branches ont porté partout les fleurs odoriférantes des plus éminentes vertus, et les fruits précieux de la vie éternelle. Les religieux de cet Ordre naissant étaient un sujet d'édification universelle, par la pureté de leurs mœurs et la sainteté de leur vie ; on les regardait comme des anges incarnés. Chaque diocèse voulait un de ses membres pour évêque. Cinq ont illustré celui de Lausanne.

Les dignités ecclésiastiques paraissaient être héréditaires dans l'Ordre de Cîteaux : les crosses, les mitres, le pallium, la pourpre, la tiare même lui étaient souvent offerts avec instances. Henriquez, Jongelin, Sartorius et plusieurs autres historiens rapportent le grand nombre d'évêques, d'archevêques, de cardinaux et de papes cisterciens. Le contraste était frappant : l'obéissance obligeait les pieux solitaires à monter sur les sièges de l'Eglise, tandis que les souverains descendaient par humilité de leurs trônes pour s'ensevelir dans une des solitudes de cet Ordre, déjà célèbre dans toute la chrétienté.

Les Souverains-Pontifes, informés de la vie exemplaire que menaient les profès de l'institut de Cîteaux, crurent qu'il était de leur sollicitude pastorale de les faire travailler à la vigne du Seigneur. Le Pape Benoît XII les dispensa du travail des mains, non pour les rendre oisifs, mais pour les appliquer à celui de l'esprit, et les astreignit à la vie mixte, au lieu de la vie purement contemplative.

Bientôt tous les monastères de l'Ordre furent convertis en académies. Plusieurs villes de l'Europe établirent dans leurs enceintes des universités et des colléges, où les Bernardins enseignent encore de nos jours, avec applaudissement, la philosophie, les mathématiques, la morale, la controverse, la dogmatique, l'histoire, les langues orientales. Un des célèbres Collèges est celui de Prague, en Bohême, fréquenté, d'après les ordres de Monseigneur l'Archevêque, par les séminaristes de ce vaste diocèse. L'Ordre de Cîteaux a produit dans tous les siècles des hommes illustres qui, avant l'invention de l'imprimerie, ont enrichi les sciences de précieux manuscrits ; et, depuis 1444, la presse a rendu publics quantité de ces ouvrages dont on pourrait former de grandes bibliothèques.

L'Ordre de Cîteaux a encore produit une multitude de zélés défenseurs de la foi qui, pour avoir renversé les idoles, combattu le schisme et confondu l'hérésie, ont eu le bonheur de répandre leur sang pour Jésus-Christ et de mériter la couronne du martyre. Enfin, l'Ordre de Cîteaux a produit, dans tous les temps, des hommes apostoliques : il fournit encore aujourd'hui à l'Italie, à l'Espagne, au Portugal, à la Pologne, principalement à l'Allemagne, de fervents et éloquents prédicateurs, ainsi que de zélés confesseurs qui, tout dévoués au sacré ministère, travaillent jour et nuit à la conversion des pécheurs.

Ainsi personne ne doit être surpris si, en récompense des vertus, des travaux apostoliques et de l'inviolable attachement au Saint-Siège, héréditaires dans l'Ordre de Cîteaux, les successeurs de saint Pierre l'ont favorisé de ces priviléges, immunités et exemptions extraordinaires dont il jouit ; s'ils l'ont aussi chargé de l'administration d'une multitude de cures, qu'il continue à desservir avec fruit et à la grande satisfaction des paroissiens ; grâces et faveurs qui lui ont suscité la contradiction des envieux.

S'il est glorieux pour un religieux cistercien d'être membre d'un corps si respectable, il n'y a pas moins de nécessité pour lui de suivre les traces de ses vertueux pères, lesquels, par leur zèle et leur savoir, ont si bien mérité de l'Eglise et de la patrie.

Voilà, Révérendissime Prélat, la tâche que vous avez remplie avant et depuis votre entrée à l'abbaye d'Hauterive. De disciple de saint Ignace devenu enfant de saint Bernard, vous avez hérité et du zèle et de la science de ces grandes colonnes de l'Eglise ; sous les étendards des ces deux glorieux Patriarches vous avez combattu le vice ; soit l'irréligion, par vos leçons, en qualité de professeur ; soit la licence, par vos éloquents sermons français et allemands, en qualité de prédicateur ; quand vous avez fait succéder la ferveur à la tiédeur, par l'observation d'une exacte discipline que vous avez su faire aimer aux Dames religieuses de la Maigrauge, en qualité de Directeur ; quand vous avez arrêté la prodigalité, par l'ordre dans les finances, en qualité de Procureur ; vous avez cueilli les lauriers sur tous les champs où s'est exercé votre religieux courage. Dans toutes les charges qui vous ont été confiées vous avez su, non seulement gagner l'amitié, l'estime et la confiance, mais aussi vous avez donné au pays des preuves irréfragables que vous étiez digne d'être un jour à la tête de votre vénérable communauté. Ce jour, moins glorieux pour vous que pour vos confrères, arriva le 16 novembre de l'année dernière, où le siège de l'abbaye d'Hauterive étant vacant par la mort de feu Monseigneur le Révérendissime et Illustrissime Evêque de Lausanne, Emmanuel Bernard, de Lenzbourg, vous fûtes élu canoniquement Abbé, à la grande satisfaction du Souverain et aux vives acclamations du peuple, ce qui prouve que le Saint-Esprit a présidé à votre élection. Nous en avons une preuve non équivoque dans le projet de réforme que vous vous êtes proposé dès le lendemain de votre élection, et que vous avez mis à exécution. Dans l'intention de rendre gloire à Dieu et d'édifier le public, je devrais ici faire mention de vos mérites personnels ; mais la crainte de blesser votre modestie m'impose le silence. Je ne dirai donc rien de votre zèle pour le service divin, de votre assiduité au chœur, de votre exactitude aux pratiques régulières, ni de vos autres vertus communes à tous les Abbés qui sont selon le cœur de Dieu ; je ne parlerai que de celle qui vous caractérise, qui est, pour ainsi dire, sans exemple, et que vous ne pouvez soustraire à la vue des hommes, puisque son brillant éclat perce, malgré vous, à travers le voile de votre humilité. Permettez que je la nomme, pour la transmettre à la postérité : c'est votre louable économie, fondée sur les bases de la religion, de la charité, de l'humilité et de la sainte pauvreté.

Afin d'épargner et d'augmenter les revenus nécessaires à l'entretien d'un plus grand nombre de religieux, et pour trouver de quoi pourvoir aux pressants besoins des nécessiteux, vous avez d'abord réformé la mense abbatiale, vous contentant de la table frugale de la communauté. Vous êtes peut-être le seul des prélats qui n'avez ni chevaux dans vos écuries, ni voitures dans vos remises, ni gens à livrée, ni laquais, ni domestiques à votre suite. Qu'une affaire indispensable vous oblige à quitter votre aimable solitude, vous en sortez seul à pied comme les apôtres, un bâton à la main, et habillé comme le plus humble des religieux. Tel est le faste avec lequel vous paraissez en voyage et dans les rues même de Fribourg. Vous n'en êtes pas moins estimé pour cela ; au contraire, pour avoir su allier l'office de Marthe avec celui de Marie, vous avez mérité le glorieux titre de restaurateur de votre maison.

Qu'un corps gouverné par un si digne chef est digne d'envie ! Il ne peut que prospérer au temporel comme au spirituel. Vos deux abbayes filiales, la Maigrauge et la Fille-Dieu, sont également heureuses de vous avoir, Monsieur le Révérendissime Abbé, pour leur supérieur et père immédiat, puisque vos bontés paternelles ne s'étendent pas moins sur elles que sur votre abbaye d'Hauterive. Les Dames de la Maigrauge peuvent se glorifier d'avoir ressenti les douces influences de votre grande charité les deux fois qu'elles ont eu le bonheur de vous posséder en qualité de Directeur ; vous avez cherché dans votre sagesse tous les moyens propres à remonter cette maison, et à lui rendre la célébrité dont elle a joui les siècles passés. Fondée en 1257, par Hartman le jeune, fils de Vernier, comte de Kybourg, la Maigrauge a toujours été une retraite pour les demoiselles issues de familles patriciennes de Fribourg, résolues à quitter le monde séducteur pour travailler efficacement, dans la solitude, à l'importante affaire de leur salut. Elle avait des revenus suffisants pour l'honnête entretien de quarante religieuses, dont le grand nombre y a vécu comme des anges. Elle a constamment édifié par la paix, l'union, la charité et la concorde qui y ont régné. Elle s'est attiré la bénédiction du Ciel par sa piété, par le chant et la psalmodie, par le silence, les jeûnes et la régularité. Elle a produit quantité de saintes vierges, dont quatre sont mortes en odeur de sainteté ; les trois premières sont les vénérables Elisabeth Castella, Marie Reiff et Anne-Elisabeth Gottrau, dans le siècle passé (le XVIIme), et la quatrième est la Révérende Mère Catherine Castella, dans notre siècle (le XVIIIme).

Vos vœux ont été et sont encore, Révérendissime Prélat, de faire revivre à la Maigrauge l'esprit de religion, dont furent animées ces quatre vénérables épouses de Jésus-Christ. C'est pourquoi, en me nommant votre successeur immédiat à la direction spirituelle de ce respectable monastère, vous m'avez enjoint de rédiger la relation des vies édifiantes de ces quatre pieuses vierges, pour donner une sainte émulation à celles qui existent aujourd'hui et à leurs suivantes, d'imiter ces glorieuses Sœurs et professes de la même maison dans la pratique de leurs éminentes vertus. Je me suis fait non seulement un devoir, mais encore un grand plaisir d'exécuter vos ordres, d'autant plus qu'ils me procurent l'occasion de travailler à la gloire de Dieu, à celle de son Eglise, à celle de notre saint Institut, comme à l'honneur de la Maigrauge et à l'avancement spirituel des Dames de sa communauté. J'ai commencé d'abord par la vie toute sainte de la Vénérable Abbesse Anne-Elisabeth Gottrau. Je l'ai finie avec le secours de la grâce, et je prends la liberté de vous la dédier. Daignez prendre sous votre protection ce petit ouvrage et défendez-le contre les sarcasmes des incrédules et la critique des malveillants. Veuillez me faire la grâce de le recevoir comme un gage du respectueux hommage et de l'entier dévouement avec lesquels j'ai l'honeuur d'être,

Monsieur le Révérendissime Abbé,

Votre très humble et très obéissant serviteur,

Fr. Marcel MOREAU, Directeur.

A la Maigrauge, le 12 octobre 1796.

Note. Nous n'avons pas trouvé la quatrième notice que l'auteur semble promettre.

PRÉFACE

Le rédacteur de ce petit ouvrage réclame l'indulgence du lecteur. Cet écrit contient la vie édifiante d'une Vénérable Abbesse qui, par la perfection de ses mœurs, a illustré l'abbaye de la Maigrauge, vers le milieu du siècle dernier (XVIIme).

Lorsque l'Eglise célèbre les fêtes des Bienheureux, elle nous propose des modèles, dont elle nous invite à devenir les fidèles copies. En lisant les vies des glorieux habitants de la céleste patrie, nous observons que chacun d'entre eux a excellé dans quelque vertu particulière ; mais, si vous fixez attentivement vos regards sur la Vénérable Abbesse Anne-Elisabeth Gottrau, vous trouverez qu'elle les a presque toutes possédées au suprême degré, et qu'elle a su orner sa belle âme par l'ensemble de toutes les vertus. La vie austère et pénitente de cette Révérende Abbesse est bien de nature à confondre la lâcheté des âmes tièdes et immortifiées qui, pour flatter leur délicatesse, prétextent que les forces de l'homme ont beaucoup diminué; la nature humaine a tellement dégénéré, dit-on, que nous ne pouvons plus vivre comme on a vécu dans le temps passé. Spécieux prétexte, pernicieuse illusion. La Vénérable Anne-Elisabeth est entrée en religion à l'âge de quinze ans ; elle était d'une faible complexion et d'un tempérament fort délicat ; elle n'était donc pas plus robuste que nous, mais elle était d'une fidélité plus grande à correspondre aux inspirations divines et à la grâce de sa vocation. Fidèle à ses engagements et soutenue par la grâce, elle a été victorieuse de ses passions, elle a triomphé de ses ennemis, elle est devenue le modèle des plus parfaites religieuses. Quel malheur pour la Maigrauge, si un si beau miroir de vertus avait été perdu ! Si la vie exemplaire de cette Vénérable Abbesse était tombée dans un éternel oubli ! Hélas ! cette perte aurait été irréparable. Mais Dieu ne l'a pas voulu, il a inspiré à Monsieur le Révérendissime Abbé d'Hauterive de faire écrire cette vie édifiante, afin qu'elle puisse servir d'aimant, et attirer les religieuses de la Maigrauge dans les mêmes voies.

Une vie aussi sainte et aussi remplie de merveilles aurait dû être écrite par une main plus habile. Le lecteur difficile y trouvera beaucoup de fautes, plusieurs répétitions, quantité de termes impropres, et un style peu châtié. Qu'il pardonne à un homme qui n'ose se flatter de posséder la langue française, et qu'il daigne compter sur la vérité des faits surprenants qui sont rapportés. Je les garantis pour les avoir puisés dans les sources les plus pures, dans différents manuscrits, tous écrits par des personnes dignes de foi qui ont vécu, conversé, noué des relations avec cette Vénérable Abbesse. De huit manuscrits où se trouvent la mention des faits extraordinaires qui peuvent servir à l'histoire de notre Vénérable, celui qui a été d'un plus grand secours c'est le livre volumineux de la très vertueuse Mère Marguerite-Gertrude de Reynold, dite de la Croix. Personne ne connaissait mieux qu'elle les vertus de cette

Révérende Abbesse. Elle avait été sa novice, sa religieuse, sa confidente près de 3o ans. Elle assure dans son livre, page 28, que tout ce qu'elle y dit est la plus exacte vérité. Voici comment elle s'exprime à ce sujet : « Si les Supérieurs « désirent faire écrire sa vie, je veux très volontiers faire « serment sur le saint Evangile, sans aucun scrupule, que « je dis la vérité. » Puisqu'il n'est donc pas à présumer que cette sage et véridique religieuse ait voulu en imposer, non plus que les supérieurs, les confesseurs et la multitude des personnes savantes et vertueuses, dont les témoignages ont été cités, on peut être assuré que tout ce qui est contenu dans cet écrit est conforme à la vérité. L'auteur déclare solennellement qu'il n'y a rien cité au hasard, qu'il n'y a rien mis du sien, outre la diction, avec un autre arrangement, l'ordre chronologique des époques principales et les plus frappantes. Le plus grand soin a été mis à ne pas altérer les faits, les prodiges, ni les grâces et les faveurs que notre Vénérable a reçus du ciel. Ils sont rapportés en termes divers, souvent même le texte original est cité ; ce qui est indiqué par les phrases qui sont soulignées. Le lecteur est donc prié de ne concevoir aucun doute sur tout ce qui est contenu dans ce petit travail, tendant à la gloire de la Vénérable Abbesse Anne-Elisabeth Gottrau. Dieu nous fasse la grâce de pratiquer ces éminentes vertus et d'en recevoir avec elle la récompense dans la bienheureuse éternité.

VIE ÉDIFIANTE

DE LA VÉNÉRÉE MÈRE

ANNE-ELISABETH GOTTRAU

ABBESSE DE LA MAIGRAUGE

I

SA NAISSANCE ET SON ÉDUCATION

La Mère Anne-Elisabeth Gottrau était issue d'une famille ancienne de Fribourg. Elle vint au monde le 25 décembre 1607, et fut baptisée le jour des saints Innocents. Les jours de sa naissance et de son baptême firent présumer, ce qui est arrivé effectivement, que cette enfant deviendrait une chaste épouse, une fidèle copie de son divin modèle, et qu'elle conserverait son innocence jusqu'à la mort. Les auteurs de ses jours s'appelaient Jodoch ou Jost Gottrau et Elisabeth Reiff, tous deux d'un mérite distingué qui, de concert, travaillaient efficacement à acquérir les vertus propres à leur sanctification dans l'état du mariage. Son père, digne membre du Conseil des Deux-Cents, avait une conscience extrêmement délicate. Il était pénétré de sentiments si bas de lui-même, qu'il avait constamment craint d'être promu à une charge dont il ne serait pas capable de remplir les obligations ; c'est pourquoi il répétait souvent, en présence de sa petite famille, la prière suivante : « Seigneur, qui connaissez mon « insuffisance, si vous prévoyez que les honneurs soient une « pierre d'achoppement pour mon âme, détournez ce sort de « dessus moi. Je préfère mourir que d'occuper une charge dont « je ne pourrais pas dûment m'acquitter, ou qui me fournirait « un sujet de vanité et me précipiterait dans les enfers. » Ses vœux furent accomplis ; il mourut à la fleur de son âge, l'an de grâce 1617, laissant quatre enfants, un garçon et trois filles, dont l'aînée était Anne-Elisabeth, âgée alors de dix ans seulement. Les deux cadettes ont été mariées ; elles ont eu la réputation d'être des plus saintes Dames de la ville de Fribourg.

Leur mère, Elisabeth née Reiff, après la mort de son mari, s'étudia à pratiquer les vertus que saint Paul exige des veuves. Sa beauté, sa jeunesse, sa douceur et ses autres qualités, tant de la grâce que de la nature et de la fortune, lui procuraient l'occasion de convoler à de secondes noces ; mais elle préféra suivre les traces de sa sainte Patronne, en faisant vœu de chasteté perpétuelle, pour ne plus s'occuper que de son salut et de l'éducation de ses enfants. Elle ne les éleva que pour le ciel, leur rappelant sans cesse la présence de Dieu, pour les porter à la pratique de la vertu et à la fuite du péché. Elle les exhortait, dans ce but, à une tendre dévotion envers la Sainte-Vierge ; les y engageant plus encore par ses exemples que par ses paroles. Je ne puis passer sous silence la vie austère qu'elle menait. Cette vertueuse veuve portait souvent le cilice, surtout dans le temps du carnaval, afin de s'unir plus étroitement au Sauveur crucifié pour nous, les jours même où un grand nombre d'aveugles se détachent de cet adorable objet pour se livrer à la débauche.

Des enfants qui avaient sucé avec le lait la doctrine de notre sainte religion, et dont le cœur n'avait été formé que pour Dieu par une mère si sage et si pieuse, ne pouvaient produire que les fruits des plus éminentes vertus. Nul n'y réussit mieux que la jeune Anne-Elisabeth ; sa piété, sa douceur, sa modestie, son obéissance à exécuter promptement, en tout et partout, la volonté de son excellente mère, lui méritèrent l'honneur d'être appelée l'ange Gottrau, et d'être proposée pour modèle à toutes les demoiselles de son temps. A mesure qu'elle avançait en âge, elle croissait aussi en grâce devant Dieu et devant les hommes, à la suite du Sauveur. Mûre au-dessus de son âge, elle avait conçu le plus grand mépris pour les jeux ordinaires à la jeunesse, et surtout pour la danse, qui a tant d'attraits pour les personnes du sexe. C'était pour elle un plaisir de se soustraire aux amusements frivoles de ses compagnes, afin de vaquer à des occupations plus sérieuses. Elle avait une tante maternelle, Mademoiselle Anne Reiff qui, accablée de maladies, vivait comme une sainte, et dont la vertu allait toujours croissant et s'augmentant par la patience avec laquelle elle supportait toutes ses infirmités. Cette respectable tante eut soin de cultiver les heureuses dispositions de l'innocente nièce, qui prit alors un goût décidé pour la vie intérieure et conçut aussi l'idée de se faire religieuse. Dans cette intention, elle apprit à chanter en musique et à toucher de l'orgue chez un vénérable ecclésiastique, M. Jacques Jervet, chanoine de Saint-Nicolas. Celui-ci disait hautement de son élève : « Que dès son « enfance elle avait mené la vie d'un ange, et que jamais il ne « lui avait vu commettre une seule faute, tant elle était retenue « dans ses paroles et dans ses actions. » Non contente d'apprendre la musique, elle voulut aussi être instruite sur la vie contemplative, et pria son confesseur, le R. P. Maurice de la Compagnie de Jésus, de lui enseigner la manière de bien méditer et de faire avec fruit l'oraison mentale. Après ces leçons de musique et d'oraison, elle passait le reste de la journée en prière ou dans l'église ou dans sa chambre.

II

SA VOCATION

Les délices que cette jeune demoiselle goûtait dans le temps de ses retraites spirituelles, qui ordinairement n'étaient connues que de Dieu seul, lui inspirèrent encore davantage du dégoût pour le monde, malgré certains attraits naturels ; car, de son propre aveu, elle avait des inclinations opposées à ce parti ; elle sentait du penchant pour la vanité, elle était portée comme naturellement au faux brillant qui éblouit les enfants du siècle. Mais, ne pouvant résister aux impulsions de la grâce, elle s'éleva au-dessus d'elle-même, et conçut un désir ardent de s'ensevelir pour jamais dans un cloître, où, en trouvant un asile pour son innocence, elle pourrait travailler plus facilement à la seule chose nécessaire, à l'importante affaire de son salut. Elle communiqua son dessein à sa pieuse mère, et lui demanda la permission de l'exécuter. Celle-ci, malgré la répugnance que lui suggérait la tendresse maternelle, y donna volontiers les mains ; imitant, dans une certaine mesure, le patriarche Abraham qui, pour obéir à la voix du Seigneur, consentit à lui faire le sacrifice d'Isaac, son fils unique. La jeune Anne-Elisabeth, toute réjouie de l'agrément qu'elle venait d'obtenir, ne tarda pas à en faire part au zélé dépositaire des secrets de sa conscience, le P. Maurice, homme qui, par sa doctrine aussi bien que par ses vertus, jouissait de la plus haute réputation. Elle délibéra avec lui sur le choix de l'Ordre et du Monastère dans lesquels elle entrerait. Après d'humbles prières faites de part et d'autre pour connaître la volonté divine, le pieux confesseur crut apercevoir chez sa jeune pénitente non seulement des marques non équivoques d'une vocation religieuse, mais encore une destination providentielle à l'Ordre de Cîteaux, dans l'abbaye de la Maigrauge. Il la considérait comme une abeille mystique qui composerait un miel et une cire agréables à Dieu dans la ruche de saint Bernard. Cette jeune aspirante se présenta bientôt à la Maigrauge ; elle sollicita avec instance le bonheur de pouvoir y être reçue. Les religieuses la reçurent comme un don du ciel, et elle fit son entrée au monastère à l'âge de 16 ans, l'an de grâce 1623.

L'année suivante, sa mère résolut de faire un pèlerinage à Besançon, où il était d'usage de montrer, le dimanche après l'Ascension, le saint Suaire du Sauveur, à une affluence de fidèles qui accouraient de toute part. Elle voulut que sa fille, déjà recluse, fût la compagne de son voyage. Anne-Elisabeth, qui était encore en habit séculier, pouvait et crut aussi devoir obtempérer aux ordres positifs d'une mère. Mais elle éprouva bientôt combien la sortie d'une solitude où Dieu appelle, est dangereuse, malgré le motif si plausible de sa piété. Hélas ! son innocence courut de grands dangers dans ce voyage. Quelques jeunes libertins, frappés des grâces et épris de la beauté de la charmante demoiselle Gottrau, tendirent à son innocence des pièges qu'elle n'évita que par un miracle, que Dieu opéra en sa faveur par l'intervention de la Reine des Vierges.

De retour à Fribourg, Madame la veuve Gottrau fut extrêmement surprise d'apprendre les grands changements qui avaient été faits à la Maigrauge, pendant son pèlerinage. Madame l'Abbesse Anne Techtermann venait de réformer la maison. Ce fut le 25 mai, jour de saint Urbain, de l'an 1624, que cette Dame rétablit l'abstinence de la viande, l'usage de la serge au lieu de chemises et de draps de toile, un chant et une psalmodie prolongés, un strict silence, des jeûnes fréquents, en un mot, l'exacte observance des préceptes contenus dans la Règle de saint Benoît. En présence d'une réforme aussi considérable et si peu attendue, les proches voulurent dissuader leur parente de retourner à la Maigrauge, et la mère dit à sa fille : « Mon enfant, j'avais « consenti à votre entrée à la Maigrauge, mais, à votre âge et avec « un tempérament si délicat, vous ne pourrez jamais pratiquer les « austérités récemment introduites dans cette maison, sans abréger « vos jours, sans être homicide de vous-même. C'est pourquoi, « je révoque ma parole et vous conseille, si toutefois vous persistez

« à vouloir être religieuse, d'entrer dans un Ordre plus doux
« et moins rigoureux ; par exemple, dans le monastère que l'on
« bâtit à Montorge, du Tiers-Ordre de saint François, sous le
« vocable de saint Joseph. »

La jeune héroïne, fidèle à la grâce de sa vocation, inébranlable
dans sa résolution, pleine de confiance en Celui qui choisit ce
qu'il y a de plus faible dans le monde pour confondre les forts,
répond humblement : « Ma chère mère, j'ai entendu que quicon-
« que regarde en arrière, après avoir mis la main à la charrue,
« n'est pas digne du royaume des cieux. Je veux gagner ce lieu
« de délices à quelque prix que ce soit. Je suis faible, à la vérité,
« mais je pourrai tout avec le secours du Tout-Puissant, qui
« saura me fortifier. » A une réponse si ferme et si claire, la
tendre mère fond en larmes, et la fille, glorieuse de son triomphe,
part et entre pour la seconde fois au monastère de la Maigrauge,
bien résolue de n'en plus sortir. Il est facile de s'imaginer combien
son cœur fut content et son esprit satisfait, dès sa rentrée dans le
lieu de ses désirs ; mais cette tranquillité ne dura pas longtemps.
Le démon, honteux et furieux d'avoir été vaincu dans deux
combats, lui suscita bien vite un troisième ennemi, l'esprit du
monde. Il la tenta par la promesse d'une fortune brillante, qui
lui assurerait la jouissance des honneurs, des richesses et de tous
les agréments d'une vie douce et heureuse à tous égards. Mais la
vertueuse Elisabeth demeura aussi sourde à la flatterie du monde
qu'elle avait été insensible aux avances perfides du libertinage et
à la tendresse de sa mère ; trop humble pour se laisser gagner par
la vanité, elle préféra, avec le roi David, être la dernière dans la
maison de Dieu, plutôt que d'habiter les palais des pécheurs.

Dès qu'elle fut agrégée à la Communauté, les religieuses
aperçurent en elle des qualités qu'elles n'avaient pu apprécier
jusque là : une grande docilité, une prompte conception, une
pénétration vive, jointe à une mémoire des plus heureuses, qui
lui donnèrent la facilité d'acquérir, en peu de temps, et de conserver les connaissances relatives à son état futur. Elle surpassait
dans le plain-chant ses compagnes de noviciat. La Maîtresse des

novices; religieuse expérimentée dans la vie intérieure, craignant que ces brillants talents ne fournissent à son élève quelque sujet de vanité ou d'orgueil, chercha avec une grande sagesse les moyens de la prémunir contre l'amour-propre, en la contrariant et la mortifiant de toutes façons. Elle la reprenait sur chaque action, dans la lecture, au service de la table, et dans les autres offices de la vie religieuse. Souvent, elle la brouillait au solfège et lui donnait lieu de se tromper au chant grégorien, à dessein de l'humilier en présence de ses compagnes ; elle lui commandait même d'aller répéter ses leçons chez une de ses co-novices qui en savait beaucoup moins qu'elle. Ces épreuves ne purent ébranler la patience de l'humble Elisabeth. Toujours d'une humeur égale, tournée à la gaîté, et d'un visage riant qui dénotait un esprit ferme et un cœur satisfait, elle exécutait ponctuellement les ordres de sa Maîtresse. Un trait prouve d'une manière frappante son empire sur l'amour-propre. Lorsque l'obéissance lui destinait une compagne moins instruite qu'elle pour lui donner des leçons de plain-chant, elle affectait, tant par humilité que par charité, de manquer, afin de ne pas causer à cette compagne de la confusion. Son insensibilité apparente aux mépris, et la joie qu'elle manifestait dans les humiliations, firent juger à quelques religieuses que cette novice était d'une simplicité outrée, tenant de la stupidité ; il en résulta que la prise d'habit fut différée à un temps plus reculé que de coutume.

C'est ainsi que les jugements des hommes sont différents de ceux de Dieu ; l'homme voit le visage, mais Dieu considère le cœur. Enfin, après deux années de fortes épreuves et dans un entier abandon d'elle-même, n'ayant point d'autre volonté que celle de sa Maîtresse, Anne-Elisabeth reçut le saint habit de l'Ordre, le 22 juillet 1625, avec une telle ferveur qu'elle ravit d'admiration tous les assistants. Quatre étudiants qui s'y étaient mêlés furent, dans ce moment, éclairés du Saint-Esprit ; ils résolurent de se dépouiller aussi du vieil homme pour se revêtir du nouveau, qui est selon Dieu. Deux de ces jeunes gens entrèrent dans l'Ordre de Cîteaux, le troisième dans celui des Carmes, et le quatrième dans la Congrégation des Pères de l'Oratoire. On attribue leur conversion à la vie religieuse, à juste titre, à l'édifiant sacrifice et aux prières de la fervente vierge.

III

NOVICIAT

Les premiers jours du noviciat n'offrirent à la néophyte cistercienne qu'une abondance de consolations et de joies intérieures ; mais cette jubilation extraordinaire ne tarda pas, d'après l'ordre ordinaire de la Providence en la sanctification des âmes, d'être suivie d'amertume.

On ne vit peut-être jamais une novice plus fervente et plus exacte à remplir les devoirs qui lui incombent. L'humilité tout d'abord était devenue sa vertu favorite. L'application aux travaux les plus vils faisait le sujet de sa gloire, comme les mépris celui de ses délices, et elle s'estimait très honorée quand elle était obligée de porter les habillements les plus vieux, les plus déchirés ou tout rapiécés. Cependant, jamais novice n'eut de plus forts assauts à soutenir dans l'arène spirituelle. Son cœur, son esprit et son corps furent violemment attaqués par les ennemis du salut, qui tous paraissaient conspirer, comme de concert, pour la contraindre à sortir du monastère. Le démon de la volupté tenta d'insinuer dans son cœur des inclinations honteuses pour la créature ; il chercha à y allumer un feu qui devait étouffer celui de l'amour de Dieu, dont il avait été constamment embrasé ; il suscita en elle des révoltes inconnues, bien propres à alarmer sa pureté. Déjà cette chaste vierge commençait à sentir dans ses membres, comme le grand apôtre saint Paul, une loi contraire à celle de l'esprit ; elle soupirait, elle gémissait, elle versait d'abondantes larmes.

A ces tentations succédèrent de grandes peines d'esprit : la crainte, l'ennui, le dégoût ; elle était par intervalle accablée d'une tristesse qui la privait de toute consolation sensible. Dans un si grave état de désolation aura-t-elle recours aux vaines consolations humaines ? Non. Elle se retire à l'écart pour vaquer à la prière. Le ciel est tout son refuge et son soutien ; elle y met toute sa confiance, et n'a d'autre sentiment que celui d'une soumission parfaite et d'une résignation entière à la volonté du Père éternel, répétant avec le Sauveur agonisant au Jardin des Olives : « Mon Père, qu'il en soit comme vous l'ordonnez, et « non pas comme je veux. » Quelquefois la seule prévision des engagements qu'elle devait contracter par des vœux solennels la faisait trembler. Elle craignait de ne pouvoir remplir les obligations attachées au service religieux.

Un jour, prosternée dans sa cellule au pied du Crucifix, elle fut saisie d'une autre crainte, celle de n'avoir pas reçu le saint habit de l'Ordre dans les dispositions requises et avec toute la reconnaissance possible ; ce qui fit couler de ses yeux des larmes amères et abondantes. Mais elle fut admirablement consolée par la ferme persuasion d'avoir vu Jésus-Christ, accompagné de sa divine Mère et de saint Bernard, la revêtir d'une robe plus blanche que la neige.

Elle ne fut rassurée que pour tomber bientôt dans un ennui mortel ; tout lui devint insipide au couvent. Ces grands motifs qui l'avaient autrefois si sensiblement touchée et animée, sans rien perdre pour elle de leur force première, perdirent, du reste, tout ce qu'ils avaient d'encourageant ; ils la soutenaient cependant toujours, mais sans aucune de ces impressions secrètes, sans aucun de ces sentiments qui excitent une âme abattue et la réconfortent. Il en résulta enfin le dégoût des exercices de piété et une grande répugnance pour la profession religieuse. Cependant, soutenue secrètement par la grâce, elle eut le bonheur de sanctifier son dégoût ; elle s'en fit un moyen de pratiquer les plus excellentes vertus : la patience, la pénitence, la persévérance ; car tout ce qu'elle ressentait de tristesse, de crainte, d'ennui et de dégoût, ne se passait que dans la partie sensitive de son être, et, sans égard aux révoltes de la nature, la volonté demeurait toujours également ferme et constante.

Les combats continuels que cette jeune héroïne eut à soutenir pendant presque trois années consécutives, rendirent sa position désespérante. Malgré ses efforts et la résistance de sa volonté, ou plutôt ensuite de ses efforts mêmes et de cette résistance, elle souffrait cruellement. La nature succombait même quelquefois sous le poids de ses violentes tentations. On peut dire qu'elle fut une martyre de son tendre amour pour Dieu ; car, à peine fut-elle agréée parmi les Sœurs, qu'elle se trouva sans goût sensible et dans une aridité qui la priva des douceurs de la vie intérieure. Cruelle privation pour celle qui en avait joui dès son enfance !

Madame l'Abbesse Techtermann voyant cette novice habituellement triste et souvent éplorée, crut qu'elle était au couvent contre son gré, et pensa à la renvoyer. Mais Dieu en disposa tout autrement en faveur de celle qu'il ne faisait qu'éprouver. Il dissipa les ténèbres qui affligeaient son esprit, et fit luire sur cette belle âme une brillante aurore, annonçant des jours plus sereins.

Elle avait passé la moitié du noviciat, lorsque arriva le retour périodique du grand Jubilé. Son confesseur lui conseilla de se préparer à la profession par des dispositions propres à gagner cette indulgence plénière, et l'invita à faire une confession générale. Elle n'en avait pas fait de toute la vie. La Sœur y consentit volontiers. Mais préalablement elle voulut renouveler et confirmer solennellement en cette circonstance, avec une confiance vraiment filiale, le choix de la Sainte-Vierge pour son avocate spéciale, pour sa patronne, pour sa mère ; la priant de se charger du soin de sa vocation, de sa sanctification, de son salut éternel. Elle fit ensuite sa confession générale qui dura trois heures et lui coûta beaucoup de peines, surtout à cause d'un état de sécheresse et de maux de tête. Mais dès qu'elle fut terminée, une joie ineffable s'empara de son cœur et en chassa tous les chagrins. Inondée des plus douces consolations, elle se croyait déjà dans le séjour des bienheureux, spécialement après avoir reçu le Pain des Anges dans la Communion qui suivit.

Les effets que cette Communion produisit dans l'âme de la vénérable vierge Gottrau sont consignés dans une ample relation qu'elle en fit elle-même, quelques années après, au R. P. Pierre Marius, de la Compagnie de Jésus, son confesseur extraordinaire ; c'était pour lui demander une direction sur la conduite qu'elle devait tenir. On retrouve dans cette relation les traits les plus frappants qui ont caractérisé la vie de sainte Catherine de Sienne. Voici comment elle s'explique : « Après ma confession générale, « en me préparant à la sainte Communion, je sentis et vis que « Dieu m'attirait à Lui, se servant de mes puissances, sans que « je fisse rien moi-même, que de regarder, d'entendre et de jouir « de ce qui m'était communiqué. Après la Communion, il me « sembla que je voyais et entendais Notre-Seigneur, mais ce « n'était pas des yeux du corps, ni par aucune image, mais si « spirituellement que je ne sais comment vous le dire. C'est « donc qu'il me donna un autre cœur qui, d'un côté, était « marqué de tous les mystères de la Passion, et de l'autre, du « saint Nom de Jésus, et au milieu était une étincelle de son « amour. Dès lors, je me suis trouvée tellement changée que je « ne me reconnaissais pas moi-même ; tout ce qui m'agréait « auparavant m'était devenu fâcheux, et tout ce pourquoi j'éprou- « vais de la répugnance m'était, depuis lors, délice. »

Il n'appartient qu'à une âme privilégiée comme la sienne de concevoir le feu sacré qui la dévora depuis. On ne peut donc en parler que d'après les manuscrits transmis à la postérité par des personnes dignes de foi et ses contemporaines.

Son cœur, après cette Communion qui l'avait tout embrasé de l'amour de Dieu, ne vivait que pour ce divin objet et ne soupirait qu'après lui. Elle s'efforçait en vain de contenir l'activité des flammes qui la consumaient et qui traversaient, malgré elle, le voile de son humilité. Il lui suffisait d'entendre prononcer le saint Nom de Jésus ou de Dieu, pour que son cœur tressaillît de joie, comme celui de saint Bernard, et que son visage devînt tout enflammé. Pour donner essor à ses transports amoureux, elle se dérobait, quand elle le pouvait, à la vue de ses compagnes du noviciat. Celles-ci souvent la raillaient et l'accusaient d'être une hypocrite. Parfois, elle allait se cacher dans un cabinet du jardin.

C'est dans cette retraite que, comptant n'être vue de personne, elle avait de secrets entretiens avec Dieu et se livrait à la méditation de ses attributs adorables.

Ce qui se passait alors dans son âme, quels objets ravissants se présentaient aux regards de son esprit, nul ne le sait. On a cependant épié ses démarches, et on l'a vue comme hors d'elle-même, les yeux levés au ciel, et entendue faire par moments de grands éclats de rire. D'autrefois, elle se retirait dans sa cellule, où on la trouva, à deux reprises, élevée de terre et suspendue. Ravie en extase, elle avait une face qui égalait en beauté ceux qu'on se représente bienheureux. Elle était immobile et ne paraissait faire aucun usage de ses sens extérieurs. Rien n'était capable de la distraire de l'objet infiniment aimable auquel son âme était attachée. La voix seule de sa Maîtresse pouvait la rendre à son état naturel ; mais alors quel coup cruel porté à son humilité, quand elle sut qu'on avait connaissance des grâces dont le Seigneur la favorisait !

Sa Maîtresse l'ayant prise une fois par la main pour la faire revenir de son extase, la gronda, et lui dit dans l'intention de l'humilier : « Ma fille, je crains que vous n'ayez le haut-mal. « Jetez dehors votre salive. » La novice cracha aussitôt par obéissance, quoiqu'elle ne sentît aucun besoin de cracher.

Le récit de ces faits extraordinaires étant parvenu aux oreilles des religieuses, les unes la prirent pour une folle, les autres pour une frénétique, et pensèrent la congédier. Dieu permit que, dans ce moment, le R. P. Pierre Maréchal, Minime d'Estavayer-le-Lac, homme très expérimenté dans la vie intérieure, arrivât à la Maigrauge, pour entendre les confessions en qualité de confesseur extraordinaire. Averti de ce qui concernait la Sœur Anne-Elisabeth, il examina pendant quatre heures de suite l'état de sa conscience. Après avoir pris une parfaite connaissance de ce qui se passait dans son âme, il dit à Madame l'Abbesse : « Votre « novice n'est ni folle, ni visionnaire, ni frénétique. Je n'ai pas « aperçu chez elle l'ombre d'une illusion quelconque ; je la « regarde, au contraire, comme étant animée du véritable esprit

« de Dieu ; je vois en sa personne un vase d'élection. Gardez-
« vous bien de la faire sortir, car vous causeriez à votre com-
« munauté la perte irréparable d'un trésor de grâces et de
« bénédictions. » Là-dessus on la garda.

Elle touchait à la fin de son noviciat, toujours remplie des
mêmes sentiments de ferveur, lorsqu'elle fut prise d'une infirmité
très douloureuse, prélude des souffrances qu'elle eut à supporter
toute sa vie. Le R. P. Benoît Ding, son confesseur d'autrefois,
semble les lui avoir prédites dans le temps où elle était encore
en habit séculier. La prédiction est rapportée dans la vie manus-
crite que j'ai sous les yeux, et elle est conçue en ces termes :
« Le zélé Directeur, Benoît Ding, mourut avant qu'elle eût pris
« le voile. Il lui apparut après son trépas, habillé en habit
« sacerdotal et, mettant ses mains sur son chef, lui dit : Courage,
« ma fille, plusieurs croix vous restent à porter dans cette maison,
« mais le tout obtiendra une heureuse fin. »

Pour le commencement de ses souffrances corporelles, elle prit
mal à une jambe. De temps à autre elle souffrait beaucoup, mais
avec une patience qui lui mérita fréquemment les consolations
intérieures, ainsi qu'elle en fit, dans la suite, l'aveu à son
Directeur, s'exprimant de cette manière : « Etant novice, j'eus
« une fois mal à la jambe ; je me tenais assise, sans avoir désir
« de faire oraison. Tout-à-coup, Dieu attira toutes mes puissances
« pour me communiquer ses grandes miséricordes. » Successivement le mal gagna la cuisse qui devint toute ulcérée ; elle la
réduisit à un état si triste, qu'il fut de nouveau question de la
renvoyer. La crainte d'être obligée de quitter le couvent lui
aurait été plus sensible mille fois que les douleurs mêmes, si,
dans une parfaite résignation aux ordres de la divine Providence,
elle n'avait eu quelque assurance que son Bien-Aimé la voulait
professe à la Maigrauge. Aussi, souffrait-elle avec une patience
d'ange pour l'amour de Lui. Ses maux lui paraissaient encore
trop légers, elle les augmentait par des austérités secrètes. Elle
se donnait la discipline toutes les veilles de communion.

IV

SA PROFESSION

L'année de son noviciat étant révolue, elle sollicita avec instance la grâce de pouvoir faire ses vœux, mais inutilement ; ils furent différés, et, ce qui était le plus fâcheux pour elle, différés à un temps illimité. Ce ne fut que suivant les conseils de personnes sages et éclairées, après qu'elle eût passé deux années avec l'habit et le voile blanc, et par les épreuves dures et âpres par lesquelles saint Benoît veut qu'on exerce un novice pour connaître si son esprit vient de Dieu, qu'elle fut admise à la profession. Ses ardents désirs furent enfin réalisés, le 24 mai 1627, jour heureux où elle eut le bonheur de contracter avec Dieu l'alliance religieuse absolue et définitive, et d'être reçue au nombre des chastes épouses de Jésus-Christ. Le jour de sa profession, à l'instant où elle eut prononcé ses vœux et promis obéissance entre les mains de Madame l'Abbesse, elle entendit, comme elle l'a assuré, la voix de son divin Epoux qui lui dit : « Je vous « donne dès ce moment un second ange tutélaire, chargé du soin « de diriger vos pas dans la voie de la perfection. »

Fidèle à suivre ce guide céleste, la jeune professe fit un progrès très rapide dans sa course spirituelle ; en peu de temps elle surpassa les plus parfaites religieuses. Très persuadée que, dans le chemin de la perfection, c'est reculer que de ne pas avancer, elle ne laissait passer aucun moment sans le sanctifier par la pratique d'une vertu. Semblable à l'abeille qui voltige par les prairies de fleurs en fleurs, pour en prendre avec soin tout le suc, elle avait la sainte émulation d'orner sa belle âme de toutes les vertus qu'elle pouvait apercevoir dans ses chères sœurs ; imitant la modestie et la douceur de l'une, le recueillement et le silence de l'autre, la mortification et la patience de celle-ci, l'humilité de celle-là. Elle excellait surtout dans l'amour de Dieu, s'occupant jour et nuit de son divin Epoux.

Quelque temps après sa profession, pénétrée d'une dévotion plus affectueuse qu'à l'ordinaire pour cet Epoux céleste, elle lui exposa ses inquiétudes et lui dit dans l'effusion de son cœur : « Seigneur, suis-je du moins du nombre des élus ? Aurai-je « aussi le bonheur de vous aimer pendant l'éternité ? » Le Bien-Aimé lui répondit : « Ne soyez pas inquiète, mon épouse, vous « serez au rang des séraphins, et vous aurez part à la gloire dont « jouissent au paradis les saintes Agnès et Ludgarde de votre « Ordre. »

Cependant, la Sœur Anne-Elisabeth savait que cette promesse n'était que conditionnelle, et que la gloire éternelle ne lui serait accordée qu'en récompense de ses victoires et de ses travaux. C'est pourquoi elle commença à faire à son amour-propre, à son corps, à ses passions, une guerre plus violente encore, et la soutint toute la vie. Elle contracta l'heureuse habitude de remplir scrupuleusement toutes les obligations de son état ; exacte observatrice de la sainte Règle et des saintes Constitutions, elle devint le modèle accompli de la régularité. On ne la vit jamais, sans nécessité, se dispenser des devoirs imposés à toute la Communauté. Elle saisissait les moments libres de la journée pour vaquer à ses dévotions particulières, et quand tous avaient été consacrés à la vertu d'obéissance, elle profitait de la nuit pour s'adonner à la prière. Le Seigneur l'avait douée de bonne heure des dons d'oraison et de contemplation. D'après le témoignage de personnes dignes de foi qui l'entouraient, elle était continuellement occupée des perfections divines, à l'exemple du grand Apôtre, que ni la tribulation, ni les angoisses, ni la faim, ni les périls, ni la persécution, ni aucune créature, ne pouvaient séparer, pas même distraire, de la charité de Dieu, qui est en Notre-Seigneur Jésus-Christ. On peut dire que le cœur de cette pieuse religieuse ressemblait à un brasier où brûlait sans cesse le feu du plus pur amour. Si par intervalle les flammes de ce feu sacré paraissaient moins ardentes, le seul souvenir de Dieu les ranimait et leur donnait un nouveau degré d'activité. Depuis sa profession jusqu'à la fin de ses jours, on ne la vit plus se servir d'aucun livre, ni pour prier, ni pour méditer. Les plus beaux ouvrages de piété lui devinrent inutiles ; car la pensée de Dieu, de ses adorables attributs, ou de quelque mystère de notre sainte religion, lui fournissaient abondamment de quoi s'entretenir des heures entières de la vision béatifique, dont jouissent les Bienheureux dans la gloire.

Assidue à l'oraison et à la contemplation, l'âme de la Sœur Gottrau était inondée, principalement les veilles et les jours de communion, des plus douces consolations. Elle puisait dans les plaies sacrées, fontaines du Sauveur, des connaissances sur les vérités de la foi, qui surpassent celles des personnes les plus expérimentées dans la théologie mystique. Elle obtint, dans une communion, le don d'une entière résignation à la volonté divine ; et, depuis lors, elle ne regarda plus qu'avec une très grande indifférence les événements quelconques de la vie, agréables ou fâcheux. Rien ne l'affectait plus sur la terre, rien ne pouvait la chagriner. L'esprit toujours occupé et le cœur toujours attaché à son trésor, elle n'avait aucun désir que celui de plaire à son céleste Epoux. Sa tendresse pour Lui était si affectueuse que, dans la ferveur de l'oraison, son visage, habituellement pâle à cause de ses infirmités et austérités, paraissait tout enflammé et son pouls agité comme dans un accès de fièvre. Si jamais la jeune professe a été répréhensible, c'est d'avoir outrepassé les bornes de la discrétion dans ses veilles et ses mortifications. Les directeurs furent obligés de modérer son zèle, car elle maigrissait, elle se desséchait, elle dépérissait, à force de s'échauffer le sang, de violenter la nature, de macérer la chair, de réduire le corps sous l'esclavage de son âme victorieuse. Elle tomba malade d'une pleurésie qui faillit la mettre au tombeau. Rétablie de cette maladie, elle s'abstint par obéissance de ses austérités extraordinaires ; mais elle n'en vécut pas moins en parfaite religieuse, également et constamment exacte à observer la règle, les rubriques et les cérémonies de l'Ordre, et fidèle à pratiquer tous les louables usages établis dans la maison.

V

ELLE EST ÉLUE SOUS-PRIEURE

Vers l'an 1630, la Sœur Anne-Elisabeth fut nommée Sous-Prieure. Sa promotion excita la jalousie de quelques religieuses, qui murmurèrent d'avoir une enfant à leur tête. Elle était très jeune, en effet, car à peine avait-elle atteint l'âge de 25 ans ; mais son mérite personnel suppléait au défaut d'âge, puisqu'elle égalait pour le moins les plus anciennes Sœurs en intelligence et en vertus. Cependant, elle eut beaucoup à souffrir de la part de certains esprits jaloux et turbulents qui prenaient à tâche de la mépriser, de la contrarier, de la dénigrer auprès de l'Abbesse et dans la communauté. Il lui aurait été facile de se justifier et même de se venger. Mais le pardon des injures était sa règle de conduite à l'égard de ses ennemies ; elle les comblait de politesse et de bonté. Ce qui est bien plus encore, elle leur était reconnaissante des occasions favorables qu'elles lui fournissaient d'exercer la vertu de patience, et elle s'estimait trop heureuse d'avoir été trouvée digne de participer aux mépris, aux opprobres, aux calomnies, aux injures endurés par Jésus-Christ de la part de ses compatriotes. Une épouse qui aimait à partager les insultes avec son époux méritait bien d'avoir part à ses faveurs. La vertueuse Sous-Prieure en jouit abondamment. Le Sauveur la consolait dans ses tribulations, il émoussait les pointes de ses souffrances, et récréait son âme par des douceurs qui l'attendrissaient jusqu'aux larmes. Dans ses méditations, qui étaient tous les jours d'une heure, et, les jours de communion, en divers intervalles, de trois heures, le divin Jésus lui communiquait sur les mystères de la Très Sainte-Trinité, de l'Incarnation et des autres, toutes les connaissances sublimes dont l'esprit humain est susceptible ; lui révélant surtout l'unité des trois personnes divines, l'union du Verbe avec l'humanité et l'union de son âme avec Dieu. Il lui suggéra de prier pour la gloire accidentelle de l'Eglise triomphante, pour le soulagement de l'Eglise souffrante, et pour les besoins de l'Eglise militante.

Un jour, appliquée à la prière vocale, elle crut que son divin Epoux la chargeait de travailler au salut des âmes, et qu'il lui confiait la clef du trésor de ses mérites, pour demander avec une entière confiance, par ses prières et ses bonnes œuvres, la délivrance des âmes du purgatoire. Ceci lui donna singulièrement à penser, jamais peut-être elle n'eut de plus grandes inquiétudes. Craignant que ce ne fût une illusion plutôt qu'une vision, elle en écrivit au R. P. Marius, son confesseur extraordinaire.

Au lieu d'être enorgueillie des grâces spéciales qu'elle recevait du ciel, cette âme privilégiée n'en était que plus humble et plus confuse. « Je suis honteuse, disait-elle à son directeur, des « faveurs extraordinaires dont une vile créature, une aussi « grande pécheresse que moi, est favorisée. »

V

ON LUI CONFIE LES NOVICES

Quelques années après, Dieu la destina à l'office le plus important dans un monastère, celui de former la jeunesse à la solide piété. On la fit Maîtresse des novices en l'année 1634. La crainte de négliger l'éducation religieuse de ses élèves la pressa de leur donner tous ses soins. Elle leur inspirait les grands sentiments de religion dont elle était elle-même pénétrée, comme un bassin déverse les eaux dont il regorge. Par l'onction de ses paroles elle rendait la vertu aussi aimable, que praticable par son exemple. Mère tendre pour tous ses enfants, elle imitait l'active sollicitude de la poule, en protégeant ses chères élèves sous l'ombre des ailes de sa charité, tant pour les échauffer du feu sacré dont elle était embrasée que pour les garantir des approches de l'esprit séducteur. Que ne devait-on pas attendre de novices formées par une si digne Maîtresse ? De jeunes plants si bien entés, si bien cultivés et si bien arrosés donnaient tout à espérer pour leur avenir.

Les avis que la Maîtresse Anne-Elisabeth donnait à ses novices étaient des conséquences tirées des principes de la doctrine la plus saine. Ses leçons forment le corps d'un ouvrage qu'elle a écrit elle-même et qui est intitulé : *Les saintes pensées d'une âme qui soupire après la céleste Patrie.*

Elle disait souvent à ses élèves : « Mes enfants, si vous voulez « avancer dans la perfection et jouir de la paix qu'offre la religion, « observez les trois points suivants :

« 1° Soyez fidèles à Dieu. Pour cela, n'omettez jamais vos « dévotions accoutumées et ne négligez aucun de vos exercices « spirituels. Ne vous en dispensez que par obéissance, ou pour « cause d'infirmité, ou par motif de charité. Profitez du temps « que Dieu vous accorde pour travailler à votre sanctification.

« 2° Ne donnez votre cœur qu'à Dieu seul, et ne vous attachez « à rien hors de Lui, ni au confesseur, ni au supérieur, ni à « aucune créature ; ni à un chapelet, ni à un livre, ni à une « chambre, ni à un office, ni à autre chose quelconque.

« 3° Ne vous mêlez jamais de rien que de ce qui vous sera « commandé par la Règle ou par vos supérieurs. De la sorte vous « vivrez toujours en paix. »

Comme les austérités extraordinaires lui étaient interdites, la vénérable Maîtresse voulut également que ses novices s'en tinssent uniquement à l'exacte observance de la Règle et des exercices communs du monastère. Elle leur défendait toute singularité, toute action où transpirerait l'amour-propre. Un jour, c'était à la fête de saint Augustin, une de ses novices faisait difficulté de se présenter au parloir, où des personnes séculières désiraient l'entendre chanter. La Maîtresse lui dit : « Ma fille, point de « volonté. Venez avec moi, et imaginez-vous que vous allez « trouver le grand Docteur de l'Eglise, saint Augustin, pour

« chanter ses louanges et vous réjouir au sujet de sa fête, comme
« les Bienheureux le font aujourd'hui en paradis. » [1]

Cette digne Mère avait un avantage d'autant plus grand pour
élever religieusement ses enfants, qu'elle était connue pour avoir
le don de distinguer les humeurs, de sonder les cœurs et de
pénétrer les intentions. Plusieurs fois ses novices ont avoué
qu'elle connaissait leurs pensées. La Sœur Marie-Marguerite-
Gertrude de la Croix a été dans la ferme persuasion que sa
Maîtresse était aussi douée de l'esprit prophétique ; car elle
assure que, l'année 1634, étant encore au noviciat, sa bonne
Maîtresse lui prédit quantité de choses qui, dans la suite, sont
arrivées exactement.

---

1 Il est étonnant que le P. Moreau n'ait pas relevé, comme elle le mérite,
l'inqualifiable imprudence de la Maîtresse des novices, ou ne l'ait pas mieux
excusée. Chanter au *parloir*, pour *complaire* à des personnes *séculières*, est
toujours une triple indécence, incompatible avec l'esprit religieux. La novice
aurait pu répondre à l'injonction de la Maîtresse : « Eh ! quoi ? vous m'en-
seignez à mourir au monde de plus en plus chaque jour, et voici que vous
voulez m'y restituer ? Vous nous dites si souvent que l'esprit du monde
entre par la grille, et vous voulez que je l'y aspire et le souffle moi-même ?
Cela ne se peut. » Et réellement la novice pouvait désobéir en ce cas, en
vertu de sa vocation, et le devait, si elle pouvait avoir une conscience
mieux formée que sa Maîtresse. C'était donc donner une idée fatale et
scandaleuse du parloir à une novice, et celle-ci n'a pu obéir, contre le
sentiment de sa profession de mort au monde, que vaincue par une crainte
révérentielle qui l'excusait et reportait toute sa faute sur la Maîtresse. Il y
avait d'une part abus de pouvoir, et d'autre part violence morale subie.

Or, cette imprudence ne pouvait venir ni de l'ignorance, ni de la tiédeur
de la vénérée Sœur Anne-Elisabeth ; tous ses antécédents s'y opposent,
autant que le reste de sa sainte vie. Il faut donc qu'il y ait eu, dans ce cas
précis, quelque circonstance exceptionnelle, telle que la présence exclusive
de parents fort religieux, la réfutation nécessaire d'un faux bruit sur l'état
de la novice, ou quelque autre raison bien forte. L'historien n'en relevant
aucune commet lui-même une grave imprudence, au détriment de sa propre
réputation et de celle de son héroïne. Cette omission est malheureuse. Il
aurait dû au moins faire ressortir l'étrangeté de cette conduite extraordinaire, tout en laissant deviner quelqu'un des motifs qui pouvaient la
légitimer.

Elle n'ignorait pas que les exemples sont beaucoup plus persuasifs que les paroles les mieux dites. C'est pourquoi elle exhortait avec autorité, surtout à la patience, par la conduite qu'elle tenait elle-même dans ses afflictions. Ainsi que l'or se purifie dans le creuset, sa vertu se perfectionnait également dans le feu des tribulations, dans les mauvais traitements qu'elle essuyait de la part de religieuses imparfaites, et dans les douleurs aiguës que lui occasionnaient par intervalle de violentes tranchées.

Néanmoins, en toutes ses souffrances, elle n'a jamais fait voir la moindre impatience ; elle ne s'est jamais plainte. Son cours de noviciat fini, elle fut de nouveau nommée Sous-Prieure. Accablée des mêmes infirmités et des mêmes contradictions, elle fit voir la même insensibilité chrétienne.

VI

ÉPREUVES SPIRITUELLES

De toutes les croix qu'elle eut à supporter, la plus pesante lui vint de son imagination où le démon figurait les images les plus séduisantes et les plus hideuses pour un cœur virginal, principalement pendant ses exercices de piété. Comme saint Antoine dans le désert, elle fut souvent épouvantée par les fantômes les plus horribles et assaillie de représentations si honteuses que ses yeux s'injectaient de sang. Au milieu de ces cruelles épreuves, elle se mettait avec la plus grande promptitude en la présence de Dieu ; elle invoquait aussitôt le secours de l'Epoux, auquel elle avait engagé sa foi ; elle se rappelait que son âme avait été créée à l'image de Dieu et que son corps était le temple du Saint-Esprit. Combien cette chaste vierge dut être alors humiliée et confuse de se sentir, malgré les révoltes de son cœur, une inclination à des plaisirs infâmes, qui ravalent la nature humaine jusqu'à la condition des plus vils animaux. Elle en frémissait d'horreur, élevant vers le ciel, avec la plus grande confiance, des yeux baignés de larmes. Ils ne tardaient pas à être essuyés ; une joie ineffable succédait, par laquelle le Seigneur lui faisait connaître son triomphe. Elle pouvait dire avec vérité comme l'apôtre saint Paul : « Il m'a été donné un aiguillon dans la chair pour me « souffleter. » Quand les coups étaient trop puissamment appliqués, elle s'écriait : « Dieu de toute pureté, m'auriez-vous donc « abandonnée ? » « Non, lui répondait une voix secrète ; je suis « près de vous dans la tribulation. Je me plais à vous voir « combattre pour l'amour de moi. Armez-vous de courage. « Ceignez vos reins de force. Ma grâce doit vous suffire. » Alors, l'intrépide héroïne méprisait les attaques de l'ennemi et sortait toujours victorieuse du combat. Quelle gloire pour une épouse dans cette fidélité à son époux ! Quelle joie en son âme d'avoir échappé au danger d'un éternel repentir !

La tentation heureusement surmontée, notre chaste vierge éprouvait combien est vraie cette parole de saint Cyprien : *La plus grande volupté est d'avoir vaincu la volupté.*

Son air modeste représentait l'image d'un ange. Ellle ne permit jamais, pas même à ses Sœurs, de lui toucher les mains, et encore moins le visage. Elle abhorrait toute parole équivoque.

Un jour, un jeune impudent tint en sa présence, au parloir, un propos trop libre ; elle lui fit une mine si sévère, qu'il fut contraint de changer bien vite de discours.

On lui a entendu dire : « J'aimerais mieux être possédée de « l'esprit malin que d'être mariée. » Cette expression semble exagérée ; mais n'est-il pas vrai que le démon peut être chassé et que la chasteté abdiquée ne peut être rendue ? Plus elle avait soin de la conserver, plus elle était menacée de la perdre. Il lui semblait (comme elle en a fait l'aveu) que le Seigneur avait permis à quatre démons de la tenter, de la molester et de lui apparaître sous des formes outrageantes. Mais, avec le seul signe de la croix, elle les mettait en fuite. Elle charga une fois un de ces esprits immondes de dire à Lucifer qu'il devait se souvenir de ce qu'il avait été et de ce qu'il était actuellement ; qu'elle espérait, par sa résistance à ses impudentes sollicitations, occuper avec le temps au paradis, la place dont il était déchu par son orgueil. Ce n'est que par des assauts multipliés et soutenus l'espace de dix ans, que la chaste Mère Gottrau a gagné une couronne de vierge qui aura beaucoup augmenté sa gloire dans le ciel.

VII

L'ABBESSE MET A L'ÉPREUVE SA PRUDENCE
ET SON ESPRIT D'ABNÉGATION

Madame l'Abbesse ayant fait un changement dans les offices de la maison, la Sœur Anne-Elisabeth devint Discrète ou Sœur-Ecoute. Elle était bien digne de cette charge. Compagne des religieuses appelées au parloir, elle édifiait quiconque s'y présentait. Sa pudeur, sa modestie, sa piété, sa douceur, imposaient aux personnes volages et leur interdisaient toute saillie tant soit peu bouffonne, toute médisance, toute détraction, tout propos contraire à la charité. Ses paroles, prononcées avec une aimable candeur et une affable simplicité, prouvaient bien que la bouche parlait de l'abondance du cœur. Ses discours sur les perfections divines, sur les charmes de la vertu, sur les dangers que court l'innocence au milieu du siècle, lui attiraient l'estime et la vénération de chacun. Tous se disaient à l'oreille : « Nous voyons et nous entendons parler une sainte. » Sa parole remplie d'onction était si persuasive qu'un grand nombre de fidèles accouraient à la Maigrauge, comme vers un prédicateur éloquent, pour entendre d'elle des paroles de vie éternelle. Dieu se servit de son organe pour opérer des miracles de grâce. Pour avoir conversé avec elle, des pécheurs se sont convertis, des convertis ont persévéré, des justes ont aspiré à la perfection ; et, ce qui est plus remarquable encore, des âmes tièdes sont sorties de leur état si dangereux pour le salut. Le zèle de la maison de Dieu la dévorait. Elle aurait désiré pouvoir convertir tous les Bernois et les hérétiques de l'univers entier. Enfin, elle fit beaucoup de bien dans cet office de Discrète, mais elle ne le remplit pas longtemps.

L'an 1641, Dieu satisfit l'ambition de l'humble Sœur Gottrau ; ambition de vie cachée, dépouillée de toute grandeur. Libérée de tout office, ses moments ne furent plus partagés ; elle les employa uniquement à avancer dans la science des Saints. A cette fin, elle consacra les prémices de ses loisirs à faire un mémoire, divisé en 14 paragraphes, contenant 20 pages, qu'elle envoya, le 28 juin de cette année, par le R. P. Guillaume Chaufflon, Directeur, au R. P. Marius, Jésuite, son confesseur extraordinaire. Dans ce mémoire elle découvrit à ce guide spirituel tous les plis et replis de sa conscience, et lui fit un détail circonstancié des faveurs insignes que Dieu lui avait accordées, ainsi que des prodiges qu'il avait opérés dans son âme depuis qu'elle était entrée en religion ; elle suppliait cet homme intérieur de lui tracer une direction, pour éviter les pièges de Satan qui, pour tromper plus sûrement, se transforme souvent en ange de lumière. N'ayant plus d'occupation de nature à la distraire de son Bien-Aimé, elle en était continuellement occupée, tantôt en l'adorant, tantôt en honorant les Saints, ses favoris.

Après Dieu, c'était la Très Sainte-Vierge qui était l'objet principal de sa dévotion. Elle l'invoquait avec confiance dans tous ses besoins, persuadée que la divine Mère a le crédit de tout obtenir de son Fils, le médiateur entre Dieu et les hommes.

Tous les jours elle lisait la vie du Saint dont on célèbre la fête, plutôt pour imiter que pour admirer simplement ses vertus. Elle avait composé un grand nombre de litanies en l'honneur des Saints et des Saintes qu'elle avait spécialement choisis pour ses patrons et patronnes ; elle avait coutume de les honorer par quelques dévotions particulières.

Un soir, elle souffrit cruellement d'un mal de dents. Une religieuse lui demanda quelle pouvait être la cause d'une douleur si subite ? Elle lui répondit : « Je suis punie d'avoir

« négligé aujourd'hui ma dévotion accoutumée envers sainte
« Apollonie, vierge et martyre. Je vais m'en acquitter, et j'espère
« être bientôt guérie. » Ce qui arriva.

Se trouvant sans office claustral, elle exerça, par ordre de son
confesseur, celui d'historien. Elle commença par écrire une
chronique de son monastère depuis l'an 1600. Elle y rapporte
fidèlement les circonstances qui ont précédé et accompagné les
heureuses époques de l'établissement de la clôture et de la
réforme introduite à la Maigrauge par les Révérendes Dames
Abbesses Guillaume du Paquier et Anne Techtermann ; elle y
ajoute la vie sainte et la mort précieuse de plusieurs religieuses
qui, depuis ces changements jusqu'à son temps, ont illustré
cette maison.

VIII

ELLE DEVIENT PRIEURE

Les charmes de la vie privée furent pour notre Vénérable de
courte durée. Déjà l'an 1643, elle est obligée d'y renoncer pour
prendre la première place après l'Abbesse, celle de Prieure.
Ayant reçu de la communauté les compliments d'usage, elle se
retira à l'église pour implorer les secours du Ciel par l'intercession de la Vierge Marie et du glorieux Père saint Bernard.
Elle se rendit ensuite chez la Mère Sous-Prieure et lui dit : « Ma
« Sœur, vous et moi devons toujours avoir une aune pendue à
« notre ceinture, pour mesurer les autres à la nôtre. Ne les
« reprenons, ne leur disons, ne leur commandons jamais que ce
« dont nous voudrions être reprises nous-mêmes, que nous
« voudrions nous être dit et commandé à nous-mêmes. Cette
« aune doit être juste, afin de ne pas faire plus à l'une qu'à
« l'autre, et rien contre la règle. » Juste, elle récompensait le
mérite, mais punissait les transgressions les plus légères, sans
acception de personne. Sachant que la régularité dépend absolu-

ment des corrections, elle ne passait sur aucune faute aperçue. Cependant elle punissait avec discrétion, ayant toujours préféré faire elle-même la pénitence, plutôt que de l'imposer. La douceur avec laquelle elle corrigeait prouvait bien que ses réprimandes étaient dictées par le zèle et par la charité, afin que les fautes soient expiées dans ce monde plutôt que dans l'autre.

Un jour, des maçons travaillaient dans l'intérieur de la maison. Trois religieuses s'oublièrent jusqu'à proférer quelques propos inconsidérés en leur présence. Dès le lendemain, la Mère Prieure proclama ces religieuses au Chapitre et dit à la première : « Vous avez manqué de charité » ; à la seconde : « et vous de patience » ; à la troisième : « et vous de discrétion ». Ensuite elle donna à toutes la même pénitence, les obligeant de retourner l'une après l'autre chez ces ouvriers, pour les aider dans leurs travaux, mais en silence. La première y fut sans parler depuis le dîner jusqu'à une heure ; la seconde depuis une heure jusqu'à vêpres ; et la troisième depuis vêpres jusqu'au souper. Les maçons furent édifiés et virent, avec le plus grand étonnement, qu'en religion on ne laisse rien impuni, pas même les moindres fautes.

La discipline régulière ne pouvant subsister sans le silence, elle corrigeait toutes celles qui le violaient dans les lieux réguliers ou dans les temps indus ; les exhortant à observer strictement le précepte du recueillement, si recommandé par saint Benoît, législateur de l'Ordre. « En parlant beaucoup, disait-elle à ses religieuses, vous n'éviterez pas le péché. La dévotion du cœur se dissipe, et la délicatesse de conscience se perd quand la bouche est trop ouverte, comme les parfums s'évaporent dans un vase qui n'est pas bien fermé. » Les remèdes salutaires qu'administrait la sage Prieure, avec une intention pure dans ses corrections, n'ont pas toujours produit l'effet désiré ; elle n'obtint pas la guérison de quelques-unes de ses filles imparfaites et réfractaires jusqu'à l'opiniâtreté.

On doit gémir amèrement de rencontrer de tels sujets dans les couvents. Mais, hélas ! quel fut jamais le corps qui n'ait pas eu des membres vicieux ? Le Ciel a vu des anges rebelles ; le paradis, un Adam et une Eve désobéissants ; le Collège des apôtres, un traître Judas. Dieu permet qu'il se trouve des méchants parmi les bons, afin que la patience de ceux-ci soit exercée par l'humeur bizarre de ceux-là. Ces filles imparfaites, au lieu de se reconnaître, devenaient, au contraire, plus insolentes. Au lieu de s'humilier et de remercier, selon l'usage de l'Ordre, la Mère Prieure pour la pénitence qu'elle leur avait infligée, elles ne rougissaient pas de murmurer jusqu'à l'invective, de jeter en face des paroles dures et même impérieuses. Une religieuse, témoin et formalisée de ces impertinences, dit à l'humble Supérieure : « Ma Mère, « comment pouvez-vous être si patiente ? Ne seriez-vous pas « fâchée intérieurement ? » « Oui, certainement, je suis fâchée, « répond la Prieure, et même très fâchée, mais uniquement à « cause que le bon Dieu est offensé. » « Pourquoi, répliqua la « religieuse, ne punissez-vous pas de nouveau ces téméraires ? » « Cela ne m'est pas donné, répond encore la Prieure. Je ne puis « être juge dans ma propre cause. Peut-être que leur intention « est bonne. J'en laisse juge Celui qui est le scrutateur des cœurs « et à qui seul appartient la vengeance. » Lorsque Madame l'Abbesse prévenue voulait punir les coupables, la Prieure demandait grâce pour elles.

Il est difficile de se faire une idée de ses souffrances. Les peines et les douleurs occasionnées tantôt par des persécutions, tantôt par les maladies, dont elle fut constamment affligée, sont au-delà de toute expression. Cependant, on ne l'entendit jamais se plaindre. On la vit toujours patiente, même au plus fort des accès. Elle s'était si bien familiarisée avec les souffrances, qu'elle paraissait y être insensible. Toutefois elle dépérissait à vue d'œil et, semblable à un squelette, elle offrait l'image de la mort. Malgré cet état, elle ne se dispensait d'aucun exercice religieux ; elle fréquentait le chœur et se trouvait la première à Matines, quand même elle n'avait pas eu de toute la nuit une minute de repos. Indulgente pour les autres, elle était extrêmement sévère pour elle-même. On avait beau la prier de se ménager et de ne pas assister à la psalmodie. « Je louerai mon Dieu, disait-elle, et je chanterai « ses louanges aussi longtemps que je vivrai. »

IX

SA MALADIE

Plus son corps s'affaiblissait, plus la grâce la soutenait, et son âme acquérait de nouveaux degrés de force pour s'élancer entre les bras de son divin Epoux. Élle s'y reposait trois heures entières par jour, nonobstant ses infirmités. Mais, que ces entretiens étaient amoureux, puisque les faveurs de l'Epoux calmaient les douleurs de l'épouse, au point qu'elle oubliait dans ces moments de consolation qu'elle était malade !

Cependant sa maladie empirait de jour en jour. On la transféra à l'infirmerie, où elle resta pendant trois mois et demi, depuis la fête de saint Nicolas jusqu'à celle de saint Joseph. La vénérable Prieure y souffrit cruellement. Un feu intérieur agitait son cœur avec une violence qui présageait sa dissolution. Des chaleurs d'entrailles excessives la mettaient dans l'impossibilité de rester à jeun ; à chaque instant il fallait lui donner à boire, et si, de lassitude, elle sommeillait pendant une heure, on l'aurait cru à l'agonie ; on était obligé de la réveiller pour lui donner quelque rafraîchissement. Le zélé et vertueux Dom Edme Werro eut la charité de se lever dix nuits de suite pour la communier après minuit. Immédiatement après avoir reçu le corps adorable de son Sauveur, elle feignait de tomber assoupie. Une religieuse s'en formalisa ; elle avait bien tort, car la malade se servait de cette pieuse industrie pour pouvoir pendant une heure s'occuper uniquement du bonheur qui venait de lui arriver.

L'esprit ne s'affaiblit point, et la dévotion ne diminua pas durant cette maladie. Lorsque la Sœur infirmière s'apercevait que, par intervalle, elle souffrait plus qu'à l'ordinaire, elle en était vivement touchée, et elle en versait des larmes de compassion. La malade alors la consolait, lui disant d'un air gai et tranquille : « Cessez, ma Sœur, de vous attrister ; ne vous peinez pas de mon

« bonheur, célui d'être attachée à la croix et d'être clouée avec
« mon Bien-Aimé sur le lit de douleur. Sachez que les souffrances
« font toutes mes richesses ; elles sont les bijoux, les joyaux, les
« pierres précieuses qui doivent parer la couronne que j'espère
« recevoir de la bonté de Dieu au paradis. Je veux, avec sainte
« Thérèse, et ne veux pas autre chose que souffrir ou mourir. »
Ses vœux étaient bien de mourir, mais ils ne furent point
accomplis. Dieu voulait encore prolonger ses jours pour sa plus
grande sanctification et l'édification de ses chères Sœurs.

X

SES PROGRÈS DANS LA VERTU

Délivrée des dangers de la mort, revenue pour ainsi dire des
portes de l'éternité, la respectable Prieure ne se contenta pas de
marcher, elle courut dans la voie de la perfection, et aucun
obstacle ne put l'arrêter dans sa course. Elle visait à la sainteté.
Quelle force n'a pas quiconque le veut efficacement ! Elle s'étudia
donc à pratiquer avec plus de zèle encore toutes les vertus spéciales
de son état, et parvint à en posséder les principales au suprême
degré. L'humilité fut en elle la vertu fondamentale, qui servit
de base à toutes les autres. Elle y était si avancée qu'elle enviait
la condition des Sœurs converses. Dès sa profession, quand la
Supérieure la réprimandait, quoique sans motif, elle l'écoutait
humblement en silence, sans jamais s'excuser, ni chercher à se
disculper.

Elle avait grand soin de cacher les grâces extraordinaires
qu'elle recevait du ciel, ne voulant pas même les révéler à ses
confesseurs ordinaires, de crainte de s'attirer leur estime et d'en
tirer vanité. Son humilité paraissait dans son maintien, sur son
visage et dans ses discours, comme en ses vêtements. Les habits
les plus communs, les plus vils, lui étaient les plus agréables,
pourvu qu'ils ne fussent ni déchirés, ni tachés, ayant toujours

aimé, comme saint Bernard, la pauvreté et jamais la malpropreté. Comme son humilité n'était pas feinte, pour avoir la gloire de paraître humble aux yeux des hommes, mais vraie et sincère, jamais on n'entendit sortir de sa bouche une parole qui pût tourner à sa louange. Elle rougissait lorsque quelqu'un parlait à son avantage, s'estimant de cœur la plus imparfaite religieuse.

Que dire de sa charité ? Elle était générale, ardente et persévérante, jamais oisive, toujours bienfaisante. La Prieure Gottrau assistait les malades et consolait les affligés ; elle priait pour la conversion des pécheurs, les exhortait à la pénitence, soulageait les pauvres. Les pauvres honteux étaient de tous, ceux qui lui tenaient le plus à cœur. Elle allait elle-même à la porte pour distribuer l'aumône aux indigents, et souvent elle faisait aller au parloir ceux et celles qu'elle savait d'une vie peu régulière, afin de les exhorter en secret. Elle rendait avec empressement à ses Sœurs tous les services dont elle était capable, aimant, caressant et obligeant de préférence celles qui lui étaient le moins attachées, les ennemies qui la persécutaient. Ce qui donna sujet à une religieuse, son amie, de lui dire : « Ma Mère, si vous faites « tant de caresses à vos ennemies, je veux aussi comme elles vous « chagriner : alors vous m'aimerez davantage. » La bonne Mère répondit avec sa douceur ordinaire : « Ma fille, si Dieu vous « inspire de me faire du mal, faites-le : j'y consens ; en revanche, « je vous rendrai le bien pour le mal. » Cette charité très grande elle l'exerçait aussi avec succès à l'égard des défunts. En voici un exemple : Une des Sœurs depuis longtemps malade, était depuis deux jours à l'agonie, lorsque tout-à-coup elle leva les yeux vers le ciel, commença à pleurer, contrairement à ce qui arrive ordinairement aux agonisants, et ensuite rendit l'âme. Après son décès elle apparut, et se fit entendre pendant un mois avec fracas et gémissements. La Révérende Mère dit : « Cette « âme est souffrante pour des fautes qu'elle n'a pas suffisamment « expiées. Ces fautes sont, qu'elle a fait pendant sa vie beaucoup « d'ouvrages pour la créature, et pour un vain intérêt plutôt que « pour le Créateur. Ces ouvrages ne lui servent maintenant que

« de paille et de bois pour brûler au purgatoire. » En témoignage
de quoi elle ordonna à la défunte de donner encore trois coups,
qui furent aussitôt entendus ; car ce fut avec une force qui fit
trembler la chambre et les religieuses qui y étaient assemblées.
On fit ensuite des prières pour sa délivrance, et la charitable
Mère lui donna en outre et lui appliqua tous les mérites de ses
bonnes œuvres.

La revenante ne reparut pas et ne donna plus aucun signe,
ce qui fit croire qu'elle avait été délivrée. Ingénieuse charité,
qui cède ses propres mérites en faveur d'autrui !

Ce qui rendait sa vertu d'autant plus recommandable, c'était
la douceur dont elle l'accompagnait invariablement. Honnête
et prévenante, elle avait l'art d'aller aux cœurs. On pouvait dire
que le lait et le miel étaient sur ses lèvres, comme sur celles de
l'Epouse des Cantiques, tant elle avait en sa douceur le don de
terminer les différents et de rétablir la paix entre les esprits
désunis. Elle était si pénétrée des sentiments d'estime pour les
autres, qu'elle excusait leurs imperfections jusqu'aux limites du
possible. Lorsqu'elle ne le pouvait pas et que sa conscience
l'obligeait d'infliger quelques peines, elle les imposait avec
douceur, bien persuadée que sans cette aimable vertu les corrections deviennent souvent infructueuses. Cependant cette voie,
nous l'avons vu, ne lui a pas toujours réussi. Des religieuses
incorrigibles en ont abusé pour se raidir contre elle jusqu'à
l'invective. Comme on lui disait : « Ma Mère, c'est de votre
« faute. Vous êtes trop bonne et vous faites trop la brebis. Vous
« savez bien que les loups mangent les brebis. » Quelle était
alors sa réponse ? La maxime du Sauveur : « *Apprenez de moi*
« *que je suis doux et humble de cœur.* Nous avons toutes nos
« défauts. J'aime mieux avoir celui de manquer par bonté que
« par rigueur. »

Peu de saints ont usé habituellement d'une plus grande
mortification. Elle avait le secret de se crucifier intérieurement
sans qu'il en parût, et souvent même extérieurement sans qu'on
s'en aperçût. La tâche de ses exercices ordinaires consistait à

contrarier son amour-propre et à agir sans cesse contre ses inclinations naturelles. Sachant que la vie de tout homme est une vie de combat, encore plus pour le religieux, elle comptait pour perdus les moments de la journée où elle n'avait pas mortifié ses propres inclinations. C'est pourquoi elle gourmandait sans relâche tous ses sens, et à chaque instant elle avait l'avantage de les contrarier, principalement la vue, l'ouïe et le goût. Il ne nous est pas donné de vivre pour manger ; nous devons cependant manger pour vivre. C'est l'unique devoir dont la Mère Gottrau paraissait ne pas s'acquitter. Elle prenait si peu de nourriture, qu'il est surprenant qu'elle ait pu vivre aussi longtemps. Un pain d'un cruche [1] lui suffisait pour deux jours. Toujours infirme, lorsque les grandes douleurs étaient passées, elle avait un grand appétit et cependant elle ne mangeait presque rien, se rappelant ce texte sacré : *L'homme ne vit pas seulement de pain, mais de toute parole qui sort de la bouche de Dieu.* Elle passa un mois sans manger de pain, ni boire de vin. Etant une fois depuis longtemps altérée et tourmentée d'une soif extrême, elle eut une très grande envie de boire du vin et s'en fit apporter un verre, au fond duquel il lui sembla voir sa guérison. Mais par un raffinement de mortification inouï, elle odora simplement le liquide, puis l'approcha de la bouche, sans en absorber une seule goutte.

XI

SON CRÉDIT AUPRÈS DE DIEU

Une personne si humble, si mortifiée, ne pouvait manquer d'avoir un grand crédit auprès de Dieu. C'est la faveur dont jouit la Révérende Mère Prieure Anne-Elisabeth. On peut en juger par les deux faits suivants, qu'on a considérés comme miraculeux.

---

[1] Quatre cruches équivalent à 15 centimes.

L'an 1644, jour de saint Robert, une ancienne religieuse fort malade, la Mère Ursule Dupasquier, demanda avec instance de recevoir les derniers sacrements. Le R. P. Directeur dom Edme Werro lui porta à l'infirmerie la sainte Eucharistie. Dans ce moment la Mère Prieure se mit à genoux au pied du lit de la malade, avec un très grand empressement de pouvoir aussi communier, quoiqu'elle ne se fut pas confessée depuis huit jours. Le R. P. après avoir administré le saint Viatique à la Sœur infirme, fut extrêmement surpris de trouver dans la Pixide une autre sainte Particule, étant certain, comme il l'a attesté, qu'il n'en avait pris et apporté qu'une. Frappé de cette circonstance inexplicable, il reconnut la volonté de Dieu et communia en même temps la Mère Prieure.

Le second fait, aussi très surprenant, est bien avéré. Une religieuse souffrait beaucoup d'une jambe disloquée, qui la tenait depuis longtemps hors d'état de marcher ; elle était même condamnée déjà à ne pouvoir plus en faire usage. La pauvre Sœur ainsi estropiée se plaignit un jour à la Mère Prieure de sa déplorable situation. Cette bonne Mère lui dit : « Ma Sœur, ayez confiance, et mettez toute votre espérance en Celui qui sait « donner le mouvement aux paralytiques et faire marcher les « boîteux. Prenez votre bâton et donnez-moi le bras ; nous irons « tout lentement à l'église, pour implorer le secours du Tout- « Puissant. » Y étant péniblement arrivées, elles se prosternèrent devant le Saint-Sacrement, et à la suite de quelques prières faites avec autant de piété que de confiance, la Mère Prieure fit avec une sainte Relique le signe de la croix sur la jambe souffrante. La Sœur, au même instant, sentit disparaître toute douleur et put marcher sans bâton. Aussitôt toute la Communauté cria au miracle et rendit grâces à Dieu.

Ces deux traits de la vertueuse Mère, ne sont pas les seuls merveilleux. On en pourrait citer bien d'autres par où l'on pourrait juger combien elle était agréable à Dieu. Et comment ne l'aurait-elle pas été, l'aimant de tout son cœur, de toute son âme et de toutes ses forces ? Soupirant sans cesse après Lui, elle désirait sa dissolution pour être avec Jésus-Christ son bien-aimé. La mort étant la porte de l'éternité bienheureuse, elle la souhaitait avec une sainte impatience. Sans éprouver de crainte ni appréhension, elle se tenait prête à franchir ce grand pas depuis longtemps. Elle avait même composé sur ce sujet, vers l'an 1647, un ouvrage divisé en 52 paragraphes, avec le titre : *Dévotion pour se bien préparer à mourir saintement et pour y aider les autres.* Ce manuscrit faisait le sujet de ses réflexions journalières, ainsi que celles de ses Sœurs qui allaient chez elle pour en entendre la lecture. La mort, je le répète, ne pouvait l'épouvanter ; au contraire, absolument détachée de toute chose créée, elle gémissait d'être si longtemps dans la voie sans parvenir au terme. Elle disait souvent : « Hélas ! que mon exil est de longue « durée ! Quand mon âme sera-t-elle une fois délivrée de ce « corps mortel ? » Le temps n'en était pas arrivé.

XII

ELLE EST CRÉÉE ABBESSE

Dieu lui réservait encore sur la terre des moyens d'augmenter ses mérites. Le 17 mars 1654, la vénérable Prieure eut un grand chagrin, commun à toutes ses Sœurs, celui de perdre sa bonne et tendre Mère ; la respectable Abbesse, Dame Techtermann, qui a gouverné la Maigrauge pendant 46 ans avec un zèle et une discrétion remarquables. Mais ce chagrin fut bientôt augmenté par un second qui lui fut beaucoup plus sensible, et qui a été d'être obligée d'occuper le siège vacant, et de prendre la responsabilité. Elle eut beau s'en défendre, alléguant ses défauts de santé, de capacité, de mérites. Tout fut inutile. L'Esprit-Saint avait présidé à cette élection ; il fallait obéir. Son humilité ne l'ayant rendue plus que recommandable et plus digne, elle se vit contrainte de plier sous l'obéissance, et de céder aux vœux du

Chapitre. Elle était alors âgée de 47 ans : elle en avait 27 de profession, dont elle avait passé les 11 dernières à remplir, on ne peut plus dignement, la charge de Prieure. Elevée contre son gré à la dignité d'Abbesse, elle commença son règne avec une intention bien sincère d'observer exactement, avec le secours de la grâce, tout ce que saint Benoît exige des Abbés et des Abbesses au second chapitre de sa Règle. Elle déclara vouloir suivre fidèlement les traces des deux réformatrices qui l'avaient précédée, et elle donna tous ses soins à faire fleurir dans son Monastère la discipline religieuse.

XIII

SON GOUVERNEMENT

Comme il est très possible qu'une Supérieure (comme tout autre) voie les défauts de ses inférieures, et s'aveugle sur les siens propres, la nouvelle Abbesse choisit dans sa Communauté une religieuse zélée et discrète, qu'elle nomma sa surveillante, avec ordre de l'avertir charitablement tous les soirs des fautes qu'elle aurait commises pendant la journée.

L'Office divin fut l'objet principal de sa sollicitude. Elle l'appelait l'Office des anges, et voulait qu'on s'en acquittât avec allégresse, avec dévotion, avec gravité. Elle ne s'en absenta jamais que dans les cas d'impossibilité manifeste, et elle exigeait de ses Sœurs, à son exemple, la même assiduité, défendant à toutes celles qui ne pouvaient fréquenter le chœur de paraître à la grille. Son exactitude à la psalmodie, sa modestie, son recueillement, son attention et sa dévotion ; l'audition même de sa voix, bien que faible à cause de ses longues infirmités, pour lesquelles elle n'avait point connu de ménagements, tout en elle encourageait ses religieuses, et inspirait aux plus tièdes la ferveur au chant des louanges du Seigneur. Elle ne chantait pas comme encore sur la terre, mais comme si elle était déjà en la compa-

gnie des anges. Animée de cet esprit de piété, elle enseignait
elle-même, quoique Abbesse, le plain-chant, la musique et le
jeu de l'orgue qu'elle avait tenu 3o ans consécutifs, aux novices
et aux postulantes ; les instruisant à observer les pauses, les
rubriques, les rits et à faire les inclinations usitées dans l'Ordre :
« Mes enfants, leur disait-elle, ne négligez pas ce qu'on appelle
« mal à propos, petites cérémonies ; car tout est grand au service
« de Dieu. »

Elle ne diminua rien, étant Abbesse, malgré la multiplicité
de ses occupations, des hommages qu'elle avait coutume de
rendre à Notre-Seigneur Jésus-Christ présent au saint Autel, ni
du culte par lequel elle honorait sa sainte Mère, et les Saints
auxquels elle avait une dévotion particulière. Elle paraissait
y avoir plutôt ajouté, voulant inspirer à ses religieuses sa dévotion et ses pratiques. C'est à cette pieuse Abbesse qu'est due,
à la Maigrauge, l'adoration du Très Saint-Sacrement, jour et
nuit, pendant toute l'octave de la Fête-Dieu.

XIV

SES EXEMPLES ET LEUR VERTU

Le feu de l'amour divin dont son cœur était embrasé de plus
en plus, jetait des flammes qui trahissaient son ardeur partout
où elle se trouvait. La Sœur Elisabeth Odet a assuré, comme
d'autres, l'avoir vue à l'église, levant au ciel ses yeux, aussi
brillants que les étoiles, avec le visage tout enflammé. Elle dit
encore l'avoir vue si faible et si exténuée, et en même temps si
échauffée de ce feu sacré, qu'à sa sortie de l'église elle plongeait
ses mains dans la fontaine pour se rafraîchir.

La Mère Humbeline Schaller, qui couchait dans la chambre
la plus rapprochée de l'Abbesse, a également attesté, que sa
Vénérée Mère ne dormait point les veilles de Communion, tant
elle était occupée de Dieu.

Après une nuit durant laquelle elle n'avait fait que soupirer, la même religieuse lui dit le matin : « Madame, vous avez passé « une mauvaise nuit. Vous n'avez fait que soupirer. Souffririez- « vous plus qu'à l'ordinaire ? » — « Non, répondit Madame « l'Abbesse, j'ai passé une bonne nuit. Je soupirais après mon « Dieu, repassant dans mon esprit un verset d'un psaume qui « m'a beaucoup touchée. »

La présence de Dieu lui était si habituelle que souvent elle n'entendait pas ce que les Sœurs lui disaient; étant comme ravie en contemplation. Quand celles-ci réitéraient leurs demandes, elle leur faisait des excuses, leur disant humblement qu'elle avait été distraite.. Dans ses conversations avec les séculiers, elle ne manquait jamais de leur dire quelques mots d'édification. Elle voulait les porter tous à Dieu. Ses paroles étaient si persua-sives, si remplies d'onction, que plusieurs jeunes gens et jeunes personnes ne purent résister à l'Esprit-Saint qui parlait en elle, et quittèrent le monde pour entrer en Religion. Deux demoi-selles se firent religieuses sous son obéissance. Une de ces deux fut la Sœur Séraphine de Forel, qui, dans la suite, fit cet aveu ingénu : « Je n'avais jamais eu envie, dit-elle, de me faire « religieuse, et moins encore à la Maigrauge qu'ailleurs ; mais « ayant une fois vu et entendu Madame l'Abbesse au parloir, « je sentis une si forte impulsion de la grâce, qu'à l'instant je « me suis jetée à ses genoux pour la prier de me recevoir au « nombre de ses filles. » Une de ses plus grandes consolations fut de voir cinq de ses neveux et nièces entrer en Religion : deux neveux chez les Jésuites , un chez les Capucins, et deux nièces chez les Ursulines. Elle avait le don admirable de toucher les cœurs et de gagner les âmes à Dieu.

Les honneurs, dit-on, changent les mœurs. C'est un proverbe qui se vérifie quand la vertu n'est pas solide. Plus l'Abbesse de Gottrau était élevée en dignité, plus elle s'abaissait à ses propres yeux, s'estimant inférieure en mérites à ses Sœurs. Son humilité allait donc toujours croissant. La vanité avait perdu tout empire sur son cœur, elle l'avait en aversion. Quand elle rencontrait

au parloir des personnes vaines, hautes et superbes, elle détournait son regard et prévenait ses religieuses contres leurs visites,
de crainte que l'esprit du monde ne s'introduisît à travers les
grilles dans le Couvent.

Ses habits étaient de l'étoffe la plus simple. Elle n'en voulait
point de neufs : les vieux lui convenaient toujours. Une robe
rapiécée, une coule, non d'une, mais de quinze pièces rapportées,
était son accoutrement de tous les jours. Elle ne souffrait rien
d'élégant, pas même l'ombre de vanité à ses filles en Jésus-Christ,
leur répétant souvent ce texte du roi-prophète : « Toute la gloire
« de la fille du roi vient du dedans. Celle d'une fille chrétienne,
« et à plus forte raison d'une religieuse, ajoutait-elle, consiste
« dans les vertus qui parent son âme. » Il convient de relever
encore cette perfection en la Révérende Abbesse, de n'avoir eu
de familiarité particulière avec aucune de ses religieuses, et de
prédilection que pour celles qui se distinguaient par leurs mérites.
Ne voulant pas que son appartement eût l'air de servir à la
rencontre d'amies particulières, elle n'admettait aucune visite
sans raison bien légitime, de peur d'ouvrir une porte à la
flatterie, aux rapports ou à l'ambition, vices qu'elle détestait
souverainement ; mais elle se faisait un plaisir de présider aux
récréations communes, qu'elle égayait par quelques saillies et
quelques propos agréables, encourageant ses Sœurs et les
exhortant au maintien de l'ordre, de l'union, de la bonne
harmonie qui doit régner entre les membres d'un corps, dont
le chef est un Dieu de paix.

Quand elle voyait une de ses filles triste et mélancolique, elle
l'abordait dans l'intention de la consoler, de l'égayer et de
dissiper ses sombres idées. Elle eut désiré les voir toutes comme
elle, sans aucune tristesse dans aucune des vicissitudes de la
vie. « Bannissez, leur disait-elle, tout chagrin, et servons le
« Seigneur avec joie. Il est un maître qui n'agrée pas les services
« d'une servante maussade, indolente et paresseuse. » Pour des
raisons dont elle était bien convaincue, elle assurait qu'un devoir
essentiel d'une Abbesse est de suivre sa Communauté, pour
s'assurer par elle-même de l'esprit qui la domine.

XV

ÉPREUVES DE L'ABBESSE

Cette digne Mère chérissait toutes ses filles, elle les portait toutes dans son cœur. Mais, hélas ! toutes ne la payaient pas de retour ; toutes ne l'aimaient pas, ainsi que je l'ai déjà insinué. Six ou sept esprits inquiets, mécontents et turbulents, qui l'avaient prise en aversion, l'ont constamment contrariée, molestée, persécutée. Ces sourdes volontaires n'écoutaient pas la voix de la religion ; elles n'entendaient pas même celle de la raison. Aux yeux fascinés de ces opiniâtres tout était répréhensible dans la conduite de la Révérende Abbesse ; ses vertus leur paraissaient des vices, sa justice était sévérité ; sa complaisance, duplicité ; sa sincérité, politique ; sa dévotion, hypocrisie. Elles feignaient de voir des taches dans ce soleil trop brillant pour elles, et soutenaient toutes leurs inventions par le mensonge et la calomnie. Mais les coups que la malignité voulut porter à l'innocence retombèrent sur les coupables, qui en demeurèrent couvertes de confusion.

Dans un moment d'impatience, qui fut bien certainement involontaire, il lui échappa de dire : « Qu'il est douloureux « d'être Supérieure de semblables religieuses ! Si une fille avait « commis des délits dignes du dernier supplice, il faudrait la « faire Abbesse, elle serait assez punie, et elle aurait abondam- « ment de quoi faire pénitence pour ses crimes [1]. » Chargée

---

1 Sous le nom d'*impatience involontaire*, que je crois plutôt l'explosion d'une indignation réfléchie, mais encore trop contenue, le narrateur cherche à excuser la sainte Abbesse d'une correction qui mériterait d'être accusée d'indulgence excessive. La Vénérée Mère était dépositaire de l'autorité, son devoir exigeait qu'elle la fît respecter et même craindre au besoin. En tolérant avec tant de patience l'animosité rebelle de plusieurs de ses filles, sous le prétexte qu'il ne s'agissait que d'injures adressées à son unique personne, sa patience et son humilité lui faisaient oublier l'autorité

d'opprobres et d'injures, quel parti prit cette vertueuse Abbesse ?
Celui des Saints. Pour se venger, elle cherchait dans sa sagesse
les moyens propres à faire rentrer dans le devoir ses filles égarées.
Elle se servit de ceux que prescrit la religion : les prières, la
patience, le pardon jusqu'à la bienfaisance. Elle leur rendait

religieuse qu'elle devait défendre, et même la charité envers ces malheu-
reuses qui avaient, avant tout, besoin de correction, et pour qui toute
indulgence devenait cruauté. Car, spéculant sur l'insensibilité apparente
et sur la vertu de leur Mère, ces dévoyées ne pouvaient songer à s'amender ;
leur état s'empirait, leur endurcissement continuait un scandale et une
cause de troubles pour les régulières qui avaient, elles, un premier droit
à voir le bon ordre et la prééminence de leur chef défendus. Quelle idée
pouvait concevoir la Communauté de la validité des Sacrements reçus,
fréquentés par les réfractaires ? Était-il permis de laisser en paix ces
lépreuses volontaires, de les soutenir au milieu du bercail au grand
détriment de tout le troupeau ? Il fallait venger sans retard l'autorité par
respect pour la Communauté, offensée en son chef, réduire les coupables
sans délai par pitié pour elles, et sauver les brebis saines par la séparation
des galeuses, jusqu'à guérison et réparation qui rassurât contre la rechute.

L'indulgence de l'humble Abbesse méritait donc le reproche que Dieu
adressa au Pontife Héli pour s'être contenté de blâmer ses fils coupables,
au lieu de les retirer des sacrifices et de l'autel, en les condamnant publi-
quement. Réparer le scandale qu'ils avaient causé au milieu du peuple
d'Israël, aux dépens du culte de Dieu par la plus sacrilège prévarication,
c'était le premier devoir.

Une âme sainte, pénétrée de la crainte de Dieu, conçoit du péché une
horreur plus vive que de l'enfer et subirait le plus cruel martyre pour ne
pas offenser Dieu. La sainteté d'Anne-Elisabeth, contrainte de voir Dieu
si ingratement oublié et redoutant quelque connivence de sa part par un
défaut de zèle ou de sagesse, explique et justifie surabondamment ce qui
paraîtrait outré dans sa comparaison. Elle n'exprima que ce qu'elle sentait
en vérité depuis longtemps. Il n'était pas possible qu'elle endurât une
torture plus poignante, ce lui était nécessairement un goût perpétuel de
mort. Elle devait s'écrier souvent en présence de son crucifix : *Dolores
inferni circumdederunt me,* « les douleurs de l'enfer m'ont absorbée »,
ainsi s'exprime David. Car « l'amour est fort comme la mort, et le zèle
est cuisant comme l'enfer. » *Fortis ut mors dilectio et dura sicut infernus
æmulatio.* Les âmes qui ne sont pas intérieures ne comprendront jamais
ce langage, qui n'est pourtant pas une figure, mais la simple vérité.

visite, leur faisait de petits cadeaux, leur confiait des offices ;
elle nomma même Prieure une ancienne qui, dans une visite
régulière, l'avait accusée, certainement à faux, devant Monsieur
le Visiteur et son secrétaire. Tout cela prouvait qu'elle pardon-
nait à toutes de bon cœur. Elle faisait si bon accueil à ses ennemies qu'il était passé en proverbe à la Maigrauge : « Que pour
« avoir les bonnes grâces de Madame l'Abbesse il fallait la
« chagriner. » Elle avait auprès d'elle une Sœur Converse d'une
humeur aigre et d'un tempérament colérique, et qui souvent
était dure à son égard. Une religieuse lui dit : « Madame, pour-
« quoi souffrez-vous cette insolente auprès de vous ? » Elle
répondit : « Il vaut mieux que je sois molestée seule que toute
« la Communauté. » Des exemples si rares supposaient une
vertu peu commune.

XVI

SES LUMIÈRES INTÉRIEURES

Madame l'Abbesse Gottrau était non seulement vertueuse,
mais elle avait encore l'art de modérer son zèle. Elle était très
instruite, elle s'était acquis des connaissances qui surpassent
naturellement celles des personnes de son sexe. Sa conscience
était d'une rectitude admirable, sa plume exacte dans ses
comptes-rendus des annales domestiques. La profondeur de son
ascétisme et son habileté dans la théologie apparaissent dans
tous ses écrits. On y admire des lumières sur la Trinité, le
Verbe incarné et autres vérités révélées, qui ne sont pas inférieures
à celles des plus habiles docteurs. Ses écrits sont tous très
orthodoxes. Ils ont été mis sous les yeux d'un grand nombre
de censeurs, qui les ont examinés, approuvés et déclarés dignes
des honneurs de la presse. Où avait-elle puisé ces connaissances ?
Elle n'avait jamais étudié ces matières abstraites, et vraisembla-

blement elle ne s'en était pas instruite par la lecture, puisque depuis l'an 1627 elle ne se servit plus de livres ; pas même pour ses méditations. Sa science n'était donc pas une science acquise ; il faut qu'elle lui ait été infuse. Comment pourrait-on en douter, puisqu'en ses confidences au R. P. Marius, son guide spirituel, elle lui écrit positivement : « Il y a longtemps que je suis en de « grandes communications avec la Très Sainte-Trinité, avec des « faveurs grandes que Dieu me communique, et des grandes « vérités, ce me semble, que Dieu me donne à connaître ; car en « quelque façon que j'occupe mon esprit en l'oraison, pensant « tant à la Passion, qu'aux autres mystères, je me trouve toujours « en la présence de ces trois personnes divines. »

Je lis encore dans une de ces lettres trouvée après sa mort, lettre adressée à son confesseur extraordinaire, dont je n'ai pas trouvé le nom : « Je suis toute étonnée, et ne sais ce que Dieu « demande de moi, à cause des grandes connaissances que Dieu « me donne de sa divinité et des grandeurs de l'Homme-Dieu, « comme aussi de sa sainte Mère ; et cette science n'est pas comme « celle que l'on apprend en étudiant ou en lisant ; mais d'une « façon, je vous le dis comme à mon père, que créature, soit « ange, soit homme, ne peut enseigner pendant que nous sommes « en cette vie, si non quand il plaît à Dieu de se faire expérimenter « pour soi-même ; mais de le savoir dire, point du tout. » D'après le témoignage de l'humble Abbesse, il est moralement, je dirais presque physiquement certain, que la science lui est venue immédiatement du ciel. Mais on demandera peut-être pourquoi elle a écrit et transmis à la postérité ces faveurs extraordinaires. Ne serait-ce pas esprit de vanité, surtout de la part d'une femme ? Non, elle était trop vile à ses propres yeux. Elle ne l'a fait qu'avec permission et par obéissance, du consentement et par ordre de ses confesseurs, pour l'instruction et l'édification de ceux et de celles qui prendront connaissance de ses pieux manuscrits.

J'aime encore à le répéter, la science, qui d'ordinaire est un sujet de vanité, n'enfla jamais la sainte Abbesse. Elle savait qu'elle l'avait reçue du ciel comme un talent qu'elle devait faire valoir, et qu'elle mit efficacement à profit pour la gloire de Dieu, le salut des âmes et son avancement spirituel. Son ambition était de devenir sainte. Elle y travailla sans relâche par la pratique, on peut le dire, de toutes les vertus. Sa foi était si vive que, à chaque instant, elle se persuadait être perdue dans l'immensité de Dieu. Combien de fois n'a-t-elle pas dit à ses religieuses : « Mes filles, si nous avions une foi ferme que Dieu « nous voit partout, nous serions toutes de feu pour servir ce « grand Dieu ; car tous les malheurs des chrétiens et des « religieux viennent du manque de foi. » Son espérance en Dieu était ferme et inébranlable, quoique dans son humilité elle dît à ses Sœurs : « Hélas ! je suis la plus grande pécheresse « du monde, et ne mérite d'autre nom que celui de Sœur Anne- « Elisabeth des misères. Je ne trouve que des misères, des vices « et des imperfections en moi. Cependant, ajoutait-elle, j'espère « en sa divine bonté. »

Je ne répéterai pas ici ce que j'ai déjà rapporté ailleurs sur sa charité.

XVI

HÉROISME DE SA PATIENCE

L'exercice des vertus morales ne lui était pas moins familier que celui des vertus théologales. Si je voulais entrer dans un détail circonstancié de chacune de ses vertus, je serais trop long ; ce détail seul fournirait matière à un volume ; alors je passerais les bornes fixées en écrivant ce précis. Je me contenterai de rapporter, en général, ce que son confesseur Dom Edme Werro a dit de cette vénérable Abbesse, quand elle fut morte, et que je trouve consigné dans un manuscrit latin. Il y est dit : « Elle « avait la foi des patriarches, l'espérance des prophètes, la fidélité « et le zèle des apôtres, la constance des martyrs, la dévotion et

« la charité des confesseurs, la pureté des vierges, l'innocence et
« la douceur des saints Innocents. »

Parmi toutes ces vertus, celle qui paraît l'avoir mieux carac-
térisée est la patience admirable qu'elle a constamment pratiquée
dans ses souffrances.

Il ne sera plus fait mention de ce qu'elle éut à souffrir en son
cœur et en son esprit à l'occasion des mépris, des contradictions,
ni de ses heures de tristesse et de dégoût et de tentations de tout
genre, mais seulement de ce qu'elle a souffert en son corps, par
les maux plus ou moins violents dont elle a été continuellement
affligée pendant 31 ans, c'est-à-dire depuis son noviciat jusqu'à
son décès. Elle l'avoua sur la fin de ses jours à quelques
religieuses, leur disant : « Mes Sœurs, il y a passé 3o ans que
« jamais je n'ai été un seul jour sans souffrir. Dieu soit béni, je
« suis faite pour endurer ; c'est ma viande quotidienne ; souffrir
« sont mes plaisirs et mes délices. »

Il serait difficile de comprendre comment elle a pu survivre à
un si grand nombre de maladies, que l'on jugeait mortelles, si
l'on n'était pas persuadé qu'aucun infirme n'est en danger tant
que le divin Médecin voudra prolonger ses jours. Quoiqu'elle
n'ait pas répandu son sang pour la foi, on peut dire qu'elle a été
véritablement martyre. Pourquoi ne pourrait-on pas dire d'elle
ce que le Pape Alexandre III croyait de saint Bernard, qu'il a
eu le mérite des saints martyrs par la durée de ses souffrances ?

Pour se faire une idée de ses douleurs, il faut connaître le
genre de ses maladies. En voici le triste tableau, propre à porter
la compassion dans l'âme la moins sensible.

Elle n'était pas encore professe, que déjà elle eut une jambe
et une cuisse enflées et ulcérées à faire pitié. Par le pus qui
sortait de ses plaies, il était facile de concevoir combien devaient
être aiguës les douleurs qu'elle en ressentait. Les plaies étant
fermées, elles fermèrent aussi, comme on dit, le loup dans la
bergerie. Elle fut faible et débile tout le temps qu'elle vécut en
religion. Les humeurs montèrent et lui causèrent successivement
de grands maux de tête et d'estomac, surtout du côté gauche.

Elle souffrait habituellement beaucoup des migraines avec des douleurs aux poumons. Très souvent les dents, les yeux, les oreilles lui causaient des tourments peu différents de ceux que cause la rage. Elle ressentait par intervalle de violentes douleurs d'entrailles. Elle était ordinairement très altérée, n'osant pourtant boire à sa soif, tant son estomac supportait peu de boisson. Elle sentait un feu qui la consumait en tout son corps ; des chaleurs excessives lui causèrent la fièvre chaude trois fois avec pleurésie ; et une goutte ou rhumatisme la tourmentait de douleurs aux pieds, aux mains, aux reins, au cou, aux épaules. Sa chair tenait de l'éponge qui se dilate par l'affluence des liquides insinués dans ses pores. Les vapeurs de la terre, une pesanteur dans les airs, le moindre vent, une légère rosée, le plus petit serein l'incommodaient et la privaient du doux plaisir de se promener avec ses Sœurs au jardin pendant l'été. En un mot, elle a toujours été languissante et souffreteuse ; mais elle avait la vertu de le dissimuler, et pratiquait quand même les exercices communs de la religion. Elle était si accoutumée aux souffrances qu'elle les appelait des bobos, nullement capables d'arrêter une religieuse dans l'accomplissement de ses devoirs. Quand elle s'abstenait du chœur, on pouvait croire qu'elle souffrait cruellement et que ses douleurs étaient excessives.

XVII

ESPRIT DE SON GOUVERNEMENT

La première année de sa haute charge n'apporta à Madame l'Abbesse aucun changement, ni au physique, ni au moral : mêmes afflictions, mêmes souffrances, même patience que les années précédentes. Elle s'estimait bienheureuse d'avoir encore la faculté de s'acquitter, quoique avec tant de peine, de son devoir ; marchant partout à la tête de sa communauté, toujours la première à la psalmodie et la dernière à terminer les œuvres prescrites par la Règle. Elle exhortait ses Sœurs à les observer exactement et à s'en tenir là, sans pratiquer d'autres austérités de leur choix ou de leur propre volonté, leur disant : « Mes « filles, faites bien tout ce que vous devez faire selon notre sainte « Règle ; cela suffit. » Elle avait raison, car la Règle est la seule voie garantie qui nous conduise à notre fin, pourvu que nous y marchions à pas fermes, sans nous en écarter ni à droite, ni à gauche.

Régulière sans le moindre écart, elle souhaitait que ses religieuses le fussent également. Sachant que le grand édifice de la religion est fondé sur la pierre angulaire, sur Celui qui par son essence est la charité même, elle travaillait sans cesse à cimenter la paix, l'union, la concorde entre les pierres mystiques, c'est-à-dire les membres de sa nombreuse communauté. Elle les priait, au nom du Dieu de la paix, comme saint Jean ses disciples, de s'entr'aimer sincèrement et, comme saint Paul, de se supporter les unes les autres en leurs défauts, pour accomplir en cela la loi de Jésus-Christ. Elle assurait qu'il y avait plus de mérite à surmonter une certaine antipathie naturelle et à supporter avec patience les infirmités du corps et de l'esprit du prochain, qu'à se livrer à quantité de dévotions et de mortifications extérieures. « Pour moi, leur disait-elle, je fais plus d'état d'une religieuse « qui a la vertu de s'accommoder aux diverses humeurs d'une « grande communauté, que si elle faisait quantité de miracles. »

Elle avait le talent peu commun, nécessaire toutefois aux supérieurs pour bien diriger les âmes qui leur sont confiées, de connaître les humeurs et de distinguer les caractères de ses subordonnées, afin de pouvoir par différents sentiers les conduire chacune au terme de la perfection. Semblable à la parfaite jardinière, qui sait comme on doit préparer la terre, et quand il faut semer, arroser, bêcher, pour avoir de belles fleurs dans son parterre, la prudente Abbesse temporisait et différait pour mieux choisir le moment où les esprits seraient plus tranquilles et les cœurs disposés à recevoir la parole de Dieu. Le laboureur non plus ne sème ni ne moissonne à chaque mois de l'année, mais attend la saison favorable à chaque ouvrage. Avec cette discrétion Madame l'Abbesse Gottrau assurait les progrès spirituels de sa maison religieuse, avec non moins d'édification au dehors. Elle avait, il est vrai, un avantage très rare entre les meilleures supérieures ; elle passait pour avoir le don, non seulement de deviner les pensées des personnes avec lesquelles elle conversait, mais de discerner aussi parmi ses filles celles qui étaient solidement vertueuses. Une Sœur venait d'expirer qui avait eu une très longue agonie. On lui en demanda la cause. « C'est parce « que, répondit-elle, elle n'avait pas eu pendant sa vie une « grande dévotion à la Sainte-Vierge. »

L'an 1655, le premier dimanche de Carême, Madame l'Abbesse fit au Chapitre un discours admirable, tendant à engager ses religieuses à imiter le Sauveur dans sa vie cachée. En voici le précis : « Le même esprit qui conduit une fille au Couvent est « le même qui conduisit le Fils de Dieu dans le désert. En fidèles « épouses, nous devons, mes chères Sœurs, marcher sur les pas « de notre Epoux, pour avoir le bonheur de lui complaire. « Veillons donc, prions, jeûnons, observons le silence et résistons « à la tentation dans la solitude, comme a fait dans le désert notre « divin modèle. »

XVIII

ELLE PRÉDIT SA FIN

Au commencement de l'année 1656 elle prédit, ce qu'elle ne pouvait guère savoir que par révélation, qu'elle approchait de sa fin. C'était le 7 janvier, jour du décès de la Mère Prieure, Catherine Heilman ; elle dit avec assurance à la Sœur Marguerite : [1] « Je suivrai bientôt la défunte. Je ne serai plus longtemps avec « vous dans ce monde. » La religieuse toute désolée de cette

1 Mère Marguerite-Pélagie de Montenach, Prieure après cette défunte.

nouvelle lui dit : « Madame, que pensez-vous ? Dieu vous aurait-
« il faite Abbesse pour si peu de temps ? Vous n'êtes pas un saint
« Albéric pour avoir un règne de si courte durée. » La Mère
Abbesse répliqua : « Ma fille, soyons soumises à la volonté de
« Dieu et adorons les décrets de sa Providence. Ne vous attristez
« de rien, mais croyez que je suis celle de votre maison qui
« mourra la première. » Elle s'y attendait, elle s'y prépara. Peu
après, au premier dimanche de Carême, elle fit une instruction
très touchante à ses religieuses, pour ranimer en elles l'esprit de
ferveur et les préserver du funeste état de tiédeur.

XIX

EXCÈS DE SES DERNIERS MAUX

Quoique toute sa vie ait été une suite non interrompue de
souffrances et de douleurs aiguës, ce n'est cependant que cette
année que commença à proprement parler sa passion, dont les
symptômes et les phases firent craindre que la prédiction de sa
mort ne s'accomplît.

Dieu envoya à cette chaste épouse le calice d'amertume qu'il
voulut lui faire boire, à l'exemple de son céleste Epoux, pour la
faire entrer avec Lui dans sa gloire. Ce calice fut d'autant plus
amer qu'elle ne dut l'avaler qu'à longs traits. Les premières
gouttes qu'elle en but, ce fut un redoublement de tortures aux
entrailles, avec migraines et fluxion de poitrine. Ses poumons
étaient un siège de douleurs. Elle avait l'estomac si délabré qu'il
ne supportait aucun aliment ; il ne pouvait digérer les viandes
les plus légères, il les rendait huit jours après comme il les avait
reçues. Sa nourriture d'un jour consistait en deux ou trois
cuillerées de bouillon, et quel tourment lorsqu'il fallait les
avaler ! Elle tremblait déjà quand l'infirmière survenait, et elle
lui disait : « Ma chère Sœur, vous m'apportez la croix d'Espagne ;

« croix à double croisillon, pour doubler aussi mes douleurs.
« Donnez, que je l'avale, puisque Dieu me l'ordonne. »

Elle sentait parfois une oppression si forte que la respiration était extrêmement gênée et que la parole lui manquait. Durant une de ces faiblesses, son infirmière lui demanda des avis pour arriver bientôt à la perfection. La malade lui répondit d'une voix tremblante et presque inintelligible : « Il vous faut renaître « spirituellement, comme Notre-Seigneur l'a dit à Nicodème. « Mais je ne puis parler. Donnez-moi une plume, de l'encre et « du papier, je vous marquerai en quoi consiste cette renais- « sance. » Et elle se donna la peine de lui tracer sur le papier les moyens de devenir parfaite, appuyant ces moyens sur des passages, des sentences et des raisons qui fourniraient matière à des volumes. Oh ! que cette belle âme était remplie de Dieu, puisque dans ces accès, qui lui ôtaient la faculté de parler, elle savait encore si bien écrire ; digne disciple du Dieu qui, sur la croix, avait des paroles de consolation et de salut.

Les religieuses avaient le cœur navré de compassion pour leur bonne Mère. Elles cherchaient à se rassurer par la pensée que l'âge encore peu avancé de Madame l'Abbesse leur procurerait le bonheur de sa guérison ; elles sollicitaient auprès du Père des miséricordes, par d'humbles et ferventes prières, son prompt rétablissement. Mais Dieu avait d'autres vues. La maladie, au lieu de diminuer, empira à tel point que toute la Communauté en fut consternée. Au commencement de septembre, vers la Nativité de Notre-Dame, elle parut menacée d'hydropisie ; une enflure se manifesta sur tout le corps, surtout vers les extrémités. Les pieds et les mains en furent horriblement affectés. On appela médecins et chirurgiens ; ils raisonnèrent longtemps sur l'état de la malade, sur la cause de sa maladie et sur ce qu'on pourrait y apporter de remède. Dans leur consultation, ils con- clurent la nécessité d'incisions pour donner sortie aux humeurs, et d'injection de mercure dans les cicatrices pour y ronger les chairs morbides. Ce fut exécuté sans opposition et sans plaintes de la part de la patiente. Il résulta de cette opération l'effet le plus déplorable, le mercure ayant étendu son action à tout le corps, Madame l'Abbesse en devint plus enflée et toute brûlée, de façon que sa peau tombait en écailles. Semblable à saint Barthélemy écorché, elle arrachait des larmes de quiconque la voyait dans ce triste état. Alors apparurent quatre profondes plaies aux pieds et aux mains ; par un engorgement d'humeurs elles s'enflèrent tellement qu'on fut obligé d'agrandir les ouvertures pour en faciliter l'écoulement. Quels durent être ses tourments ! Les médecins eux-mêmes ne pouvaient comprendre comment elle pouvait les supporter avec une patience de corps sans vie. Mais rien n'est impossible à Dieu qui, par une abondance de consolations, sut toujours divertir les martyrs de l'excès de leurs souffrances. La plus grande peine de la respectable malade était de ne pouvoir assister au chœur, pas même réciter son office, incapable qu'elle était d'articuler par le défaut de respiration ; mais elle y suppléait mentalement par des actes de toutes les vertus et des prières jaculatoires.

Elle passa dans la même ferveur et dans les mêmes souffrances les trois derniers mois de l'année, à quelques soulagements près, fort légers.

L'année suivante, 1657, un mieux se déclara, et elle crut devoir se rendre au Chapitre le premier dimanche de Carême, pour adresser une exhortation à ses religieuses, selon la coutume de l'Ordre. Elle s'y traîna, semblable à un squelette, encore recouvert de sa peau et doué d'un souffle de vie. Sa voix était si faible qu'à peine put-elle se faire entendre. On comprit cependant, dans son discours bref et succinct, comment elle comparait Jésus-Christ à une pierre d'aimant qui a attiré à Lui les Pères des déserts et les âmes vraiment religieuses de la solitude. Elle annonça ensuite à ses filles sa mort prochaine et se recommanda à leurs prières, pour que son âme, une fois séparée de son corps, eût le bonheur d'être attirée au ciel par le divin aimant, son Epoux.

Quelques jours après, une sorte de fluxion lui retomba sur les poumons. Vers les deux heures après minuit on la crut expirante.

Elle revint cependant de cette défaillance, mais elle demeura très incommodée pendant tout le reste du Carême.

La veille de la Fête-Dieu, elle fut entièrement occupée de la sainteté de ce jour. Sa grande dévotion au Très Saint-Sacrement de l'autel l'autorisait à se croire assez de force pour célébrer avec ses Sœurs cette grande solennité ; aussi assista-t-elle à Matines et aux autres Offices du matin ; mais, pendant le saint Sacrifice de la Messe, elle se sentit attaquée tout-à-coup d'un mal d'entrailles si violent, qu'elle se vit forcée de sortir de l'église déjà avant l'épitre. Une de ses filles s'apercevant qu'elle ne revenait pas, courut s'assurer de ce qui pouvait lui être survenu. Hélas ! elle trouva sa bonne Mère dans le dortoir, agitée de convulsions, et assise au milieu d'un tas d'ordures qu'elle avait vomies, et couverte d'une sueur qui découlait de son visage enflammé. On la transporta dans son appartement ; elle fut privée de la Communion ce saint jour, à cause de ses fréquents vomissements ; ils se suivaient si rapidement que, dans l'espace de 24 heures, elle ne put retenir deux cuillerées de bouillon. Il y a lieu de croire que dans cette maladie elle eut quelques lumières extraordinaires ; elle ne cessait de pleurer, et dit aux religieuses qui entouraient son lit : « Mes « filles, si vous saviez ce que c'est qu'un péché, si petit qu'il soit, « et combien Dieu le hait, vous trembleriez de le commettre..... « J'ai été le pauvre chien qu'on a mis hors de l'église, n'ayant « pas mérité de communier avec vous aujourd'hui. On ne souffre « pas les chiens dans les églises, parce qu'ils empêchent les fidèles « de prier Dieu avec attention. » Enfin, ses tourments d'entrailles diminuèrent et finirent par s'arrêter. Elle reprit alors ses exercices, autant que sa grande faiblesse le lui permit.

Le jour de saint Bernard, on remarqua qu'elle avait les larmes aux yeux. On lui demanda pourquoi elle pleurait. « Hélas ! « répondit-elle, j'ai bien besoin de pleurer, voyant que je suis « si éloignée des vertus de notre saint Père. » Elle parlait le langage des Saints qui, quoique ornés de toutes les vertus, s'estiment toujours très imparfaits.

Depuis longtemps Madame l'Abbesse avait encore un mal

qu'elle cachait et n'osait déclarer. Elle avait un sein enflé sur lequel s'était formé une plaie, d'où sortait beaucoup de matières purulentes. Elle crut devoir surmonter sa répugnance et déclarer enfin son infirmité. Les religieuses furent aussi surprises qu'édifiées de la modestie et de la patience avec laquelle Madame avait constamment célé la cause de douleurs si cuisantes. La Mère Prieure fit d'abord avertir les médecins et chirurgiens et, en attendant leur arrivée, elle envoya auprès de Madame la Sœur Marguerite pour la distraire et la consoler. Après plusieurs paroles d'édification, cette vertueuse religieuse lui dit : « Madame ! « Vous êtes bien glorieuse d'être stigmatisée comme saint François. « Depuis l'année dernière vous avez les pieds et les mains cica- « trisés, et cette année vous avez le côté ouvert. » L'Abbesse souffrante répondit : « C'est cette plaie du côté qui me conduira « au ciel. »

Les chirurgiens étant arrivés, il fallut découvrir la plaie. Le ciel, qui connaissait toute sa modestie, put seul comprendre ce que sa pudeur en souffrit ! Cette plaie bien examinée, on trouva que la malade était une autre sainte Ildegonde, à qui un ulcère chancreux rongea la mamelle, et il fut décidé qu'on lui en ferait l'amputation. Les religieuses supplièrent inutilement Madame de ne pas consentir à une opération qui lui causerait tant de douleurs et exposait sa vie au plus grand danger ; toutes demandèrent s'il n'y avait moyen de guérir ce mal par quelque emplâtre. Sur la réponse négative des hommes de l'art, Madame dit : « Ainsi soit-il ! Je suis accoutumée à souffrir. Cela n'est « rien. » Levant ensuite les yeux au ciel, elle répéta ces paroles de saint Augustin : « Ici brûlez, ici tranchez ; pourvu que vous « me pardonniez, mon Dieu, dans l'éternité. » Et elle se disposa à subir les incisions. Celle qui aurait eu besoin naturellement d'être encouragée, consola elle-même ses Sœurs qui fondaient en larmes à ses côtés. Elle leur dit avec un visage riant et d'un ton de voix agréable : « Pourquoi pleurez-vous, mes filles ? Ne « savez-vous pas que parmi les enfants des hommes les uns sont « destinés à honorer la Passion de Jésus-Christ, d'autres à vénérer

« sa vie cachée, et d'autres encore à imiter sa vie active et
« publique en enseignant, en catéchisant, en prêchant. Or, si
« Dieu veut me faire la grâce, que je souffre pour son saint
« Nom, et, qu'avec sainte Agathe j'honore la plaie sacrée de son
« côté par une incision dans mon sein, serait-ce même par l'am-
« putation des mamelles, voudriez-vous m'envier une si insigne
« faveur ? Quant à moi, je me réjouis de recevoir ce coup ; je
« tressaille de joie à l'aspect de l'instrument qui doit me le
« donner. » Elle subit l'opération en véritable héroïne chrétienne,
la veille de la fête de l'Exaltation de la sainte Croix. Il ne
manquait plus que cette cinquième plaie pour rendre la chaste
épouse conforme à son Epoux crucifié.

La douloureuse opération n'eut pas l'effet désiré. Les cinq
plaies grossirent depuis extraordinairement. La dernière, celle
du côté, égalait en largeur la paume de la main. A proportion
que les plaies se dilataient et que l'enflure augmentait, les
douleurs devenaient plus vives. Chaque jour la pauvre stigmatisée sentait une augmentation de souffrances, auxquelles son
grand amour pour Dieu paraissait l'avoir rendue morte.

O personnes trop sensibles et sensuelles, qui ne cherchez en
tout que vos aises et vos commodités, que n'avez-vous vu cette
Dame clouée sur son lit de douleur ! Vous eussiez connu un
exemple de résignation qui aurait confondu vos vivacités, un
miroir de patience qui vous aurait reproché votre mollesse,
vos impatiences.

Le 15 novembre de la même année, 1657, on remarqua qu'elle
était très inquiète. Ses douleurs n'en pouvaient être la cause.
Elle ne pouvait assister à l'Office divin un jour que, toute sa
vie, elle avait spécialement consacré à honorer tous les saints.
Tel était le sujet de ses inquiétudes. Après le dîner elle dit aux
religieuses qui la visitèrent : « Mes filles, vous n'ignorez pas
« que les souverains ont de magnifiques palais où résident les
« princes et les princesses. Ils ont aussi de belles ménageries,
« dans lesquelles sont entretenus des animaux rares de toute
« espèce, soit en quadrupèdes, soit en volatiles. Ils ont encore

5

« des écuries remplies de chevaux, de vaches, de chiens, de
« pourceaux, etc. Vous êtes les princesses du palais de Dieu,
« vous qui avez le bonheur de chanter ses louanges sur la terre
« comme la cour céleste les chante en paradis. Pour moi, je ne
« suis, hélas ! qu'un pourceau couché dans mon lit comme dans
« une étable, toute souillée de péchés et de maladies, qui m'em-
« pêchent d'assister aux saints Offices de ce jour. Ayez pitié de
« moi et daignez prier le Père des miséricordes de vouloir m'être
« propice. » Les Sœurs qui pouvaient à peine parler, tant elles
avaient le cœur serré, lui demandèrent en sanglotant, quelle
grâce elles devaient demander pour elle au Seigneur. « Celle,
« répondit-elle, que sa sainte volonté s'accomplisse en moi, et
« que j'aie le bonheur de mourir dans la grâce finale. Ah ! cessez
« de pleurer, ne me regrettez pas, laissez-moi partir de ce monde.
« Vous voyez que je vous suis tous les jours plus inutile et à
« charge. Si vous m'aimez, réjouissez-vous avec moi de ce que
« je serai délivrée de tant de misères. »

XX

TERME DE SON MARTYRE

Elle pressentait sa mort, la désirait et la voyait arriver de
sangfroid. Huit jours avant son décès elle demanda qu'une de
ses Sœurs, à tour de rôle, lui fit lecture des Evangiles de la
Passion. Elle y prêta l'oreille attentivement ; elle soupirait en
même temps et ne cessait de faire des actes de compassion,
d'amour et de contrition.

Le 24 novembre elle pria la Sœur Gertrude de lui lire à haute
voix la préparation à la mort contenue dans un livre intitulé :
Le Royaume de Jésus, après avoir préalablement dressé au pied
de son lit l'image de Jésus agonisant au Jardin des Olives ; afin
de la garder continuellement plus encore devant les yeux de
son esprit que de son corps. La préparation achevée, elle dit à

la Sœur : « Allez chez la Mère Maîtresse, et priez-là de ma part
« de dire aux six novices de réciter chacune le psautier pour moi.
« Dites aussi à toutes les Sœurs que je les prie pour l'amour de
« Dieu de vouloir réciter, chacune en particulier, les sept psaumes
« de la pénitence, pour suppléer à ce que dans l'Office je puis
« avoir négligé et oublié. »

Pendant la nuit suivante elle souffrit plus qu'à l'ordinaire, et,
se sentant défaillir, elle demanda à être administrée. D'abord
après minuit on appela le R. P. Directeur, dom Edme Werro,
qui accourut et, entre autres paroles de consolation, lui dit :
« Sainte Catherine, vierge et martyre, dont nous célébrons
« aujourd'hui la fête, et à laquelle vous avez conservé toute
« votre vie une dévotion particulière, vous soulagera dans vos
« peines et vous guérira. » La Révérende Abbesse, pénétrée des
mêmes sentiments de religion dont fut animé saint Martin,
répondit humblement : « Vivre ou mourir m'est indifférent. Que
« la volonté de Dieu s'accomplisse. » Ensuite le R. Père confesseur entonna l'hymne *Jesu corona virginum*, en l'honneur
de sainte Catherine, que Madame suivit autant que le lui permit
sa voix faible et expirante. A une heure après minuit, elle reçut
le saint Viatique avec les marques de cette grande dévotion qui
caractérise les saints. Désirant beaucoup de voir son Révérendissime Supérieur et Père immédiat pour conférer avec lui encore
une dernière fois, elle fit avertir à sept heures du matin la portière de le faire chercher. Celle-ci, plongée dans la tristesse, les
angoisses, et accablée en outre de beaucoup d'affaires embarras-
santes, oublia de s'acquitter de la commission. Après quelques
heures la malade dit à une des infirmières : « Je ne mourrai pas
« que je n'aie pris congé de Monsieur notre Révérendissime
« Visiteur, et que je n'aie reçu sa paternelle bénédiction. Prépa-
« rez et arrangez toutes choses pour le recevoir convenablement.
« Il arrivera à une heure après midi. » Comment pouvait-elle
le savoir ? Comment Monsieur d'Hauterive a-t-il connu les
intentions de Madame l'Abbesse ? Cela s'est-il fait par inspiration divine ou par un message de son Ange gardien ? Personne

ne l'a jamais su. Mais toujours est-il que Monsieur le Révérendissime Clément Dumont arriva et sonna à la Maigrauge exactement à l'heure prédite, à une heure précise. Le Seigneur Abbé se rendit aussitôt auprès de la malade. Quelle consolation pour elle de voir celui qu'elle avait tant désiré, et de pouvoir lui faire la confidence de ce qui lui pesait encore sur le cœur ! A la suite de cette conférence secrète Madame l'Abbesse fut tranquille et plus contente de mourir que jamais. Elle passa le reste de la journée dans une résignation parfaite, toujours occupée de Dieu et de Dieu seul.

XXI

SON AGONIE ET SA MORT

Entre 10 et 11 heures du soir elle commença à perdre l'haleine ; à peine pouvait-elle respirer. Elle eut le bonheur de recevoir le sacrement de l'Extrême-Onction et l'Indulgence plénière en forme de jubilé avec toute sa présence d'esprit et sa ferveur ordinaire, répondant à tout ce que lui demandait le ministre de l'Eglise. Ensuite elle prit congé de ses religieuses réunies. Elle leur demanda pardon, et se recommanda à leurs ferventes prières. Inconsolables adieux ! Les filles déploraient le départ de leur tendre Mère ; les sanglots mêlés à des cris de détresse retentissaient et se répétaient par toute la maison.

Madame l'Abbesse tenait entre ses mains un chapelet, auquel était attachée une médaille de saint Charles Borromée, qu'elle baisait souvent. Elle pria qu'on la lui mît dans la bouche lorsqu'elle entrerait en son agonie. Elle demanda encore un crucifix, si gros et si pesant qu'une religieuse bien solide pouvait à peine le tenir d'une main. Elle voulut l'avoir appliqué sur sa poitrine et sur sa plaie du côté. Lorsqu'on lui dit : « Madame ! ce crucifix « est trop pesant, il vous fera mal. » — « Non, répondait-elle, « il me soulage ; laissez-le-moi. » Enfin, consummée de l'amour de Dieu, épuisée de forces, elle commença d'entrer dans une douce agonie, qui ne lui ôtait pas la faculté de parler et de former encore divers actes d'amour, de contrition, de résignation et autres vertus. Elle pria encore instamment le Père Directeur de lui faire la lecture de l'Evangile de saint Jean. Ce qu'il fit. Mais pendant cette lecture la chère Dame agonisante souffrait extrêmement. « Mon Dieu, dit-elle, que je souffre ! C'est main-« tenant que je suis sur la croix ! » Elle y resta attachée avec son divin Epoux jusqu'au lendemain matin.

Quelques instants avant d'expirer, elle fit signe à une religieuse d'allumer le cierge béni. Celle-ci se trompa, et alluma une bougie au lieu du cierge des agonisants. Madame l'Abbesse eut encore assez de présence d'esprit pour s'en apercevoir, et lui montra du doigt lequel des cierges devait être allumé. Quand il le fut, elle lui dit : « Bénissez-moi, maintenant, car je m'en vais. A Dieu, « à Dieu, mes filles. Ne me donnez-vous pas la permission de « m'en aller ? » Son infirmière, nommée Anne-Gabriel Berset, plus courageuse et pouvant mieux dissimuler son chagrin que les autres, prit la parole et répondit : « Oui Madame. Mais vous « ne partirez pas sans nous donner votre bénédiction. Donnez-« nous-la, nous vous en supplions. » Madame l'Abbesse pratiqua encore dans ce moment un acte d'humilité. Elle fit signe de la tête, qu'elle ne la leur donnerait pas ; puis, levant la main vers le ciel et ensuite vers son Confesseur, qui l'assistait, elle signifia qu'on devait la demander à Dieu ou à son ministre. Mais celui-ci, ayant pris la main droite de la mourante, fit avec elle le signe de la croix sur toutes les religieuses à genoux et fondant en larmes, tout en leur disant : « Voyez, cette bonne Mère vous « bénit. » Après on la vit remuer encore un peu les lèvres, on entendit quelques saintes paroles, qu'elle ne pouvait plus bien articuler. Enfin à l'imitation de Jésus, son Bien-Aimé, elle pencha la tête vers sa grande plaie du côté, et elle expira douce-ment comme une lampe qui s'éteint. Ce fut un lundi, à 5 heures du matin, le 26 novembre 1657. Elle était âgée de 50 ans et un mois, dans la 31e année de sa profession, n'ayant été Abbesse que 3 ans, 8 mois et 9 jours.

Beaucoup de personnes ont assuré avoir entendu, au moment de son trépas, un concert harmonieux, celui des anges, venus à la rencontre de cette belle âme, pour l'introduire dans le séjour de la gloire.

Notre Vénérable Mère rendit son âme entre les mains de son Créateur en présence de M. le Révérendissime Abbé d'Hauterive, son Père immédiat, des RR. PP. Candide Fivaz, et Edme Werro, son confesseur ordinaire, et de toutes les Sœurs assemblées. Elle fut enterrée au Chapitre, lieu de la sépulture des Abbesses. On voit sa tombe sur la droite du seuil, entre la porte et le pilier.

La Communauté jeta les hauts cris sur la perte qu'elle venait de faire de sa digne Supérieure. Cette perte était grande pour les religieuses, tandis que Madame l'Abbesse gagnait le ciel, objets de tous ses désirs et de tous ses efforts pendant toute sa vie. Elle quittait le lieu de son exil pour entrer dans la patrie céleste ; elle laissait la société des humains, pour jouir de celle des anges ; elle sortait de cette vallée de larmes et de misères pour participer à une joie parfaite, sans plus de mélange d'aucun trouble ni de tristesse ; elle pouvait, en un sens, en son essor vers les cieux, dire à ses filles orphelines et désolées ce que le Sauveur dit aux saintes femmes, qui le suivaient au Calvaire : « Filles de Jérusalem, ne pleurez pas sur moi, mais sur vous-« mêmes. » C'était bien le sentiment de la perte irréparable qu'elles venaient de faire, qui était le motif de la désolation des Sœurs, adoucie par la conviction du bonheur de celle qu'elles pleuraient. Oui ! Madame l'Abbesse Anne-Elisabeth Gottrau jouit dès lors de la gloire éternelle : personne n'en pouvait douter. Ses jours avaient été ce que l'Ecriture appelle des jours pleins. On peut sans hésiter, lui appliquer ce que saint Bernard dit de saint Malachie dans son oraison funèbre : « Elle se réjouit avec les bienheureux de voir la face de Dieu. Elle lui a plu pendant sa vie ; elle a été trouvée juste ; elle la servi fidèlement dans la justice et la sainteté. »

XXIII

OPINION DE SA SAINTETÉ ET SES MOTIFS

Nous ne lui rendons pas le culte dû aux saints, parce qu'elle n'est ni canonisée ni béatifiée par l'Eglise. Cependant on n'en peut pas moins croire qu'elle est glorieuse au paradis, qu'elle n'y a pas moins de crédit auprès du Tout-Puissant, que pendant sa vie. La ferme persuasion dans laquelle nous devons être de sa félicité éternelle est fondée sur sa sainte vie, sur les grâces extraordinaires dont le ciel l'a favorisée, sur les prodiges que Dieu a opérés par elle avant et après sa mort, sur sa science toute surnaturelle, et sur l'opinion générale que le public a eue et a encore de sa sainteté.

Tels sont les motifs sur lesquels est fondée l'opinion de sa béatitude ; nous allons les exposer ici avec précision en huit paragraphes.

§ I

SA VIE SAINTE

Madame l'Abbesse Gottrau a déjà vécu dans le monde comme une sainte demoiselle. Dès sa jeunesse, elle eut un souverain mépris pour la danse, pour les parures, pour tout ce qui respire la vanité. Elle était docile, pieuse, dévote, surtout envers la Sainte-Vierge. Son visage semblait être le miroir de la pudeur, de la modestie et de l'innocence. On l'appelait communément, nous le répétons, l'ange Gottrau, et les parents la proposaient pour modèle à leurs enfants. Une honnête fille, nommée George, qui était entrée au service de M. Jost Gottrau, lorsque la petite Anne-Elisabeth n'avait que trois mois, et qui y a persévéré plus de 50 ans, a connu indubitablement le mérite de cette demoiselle, son élève jusqu'à son entrée au couvent. Cette servante, déjà octogénaire, dit un jour au parloir : « Votre Dame Abbesse a été « toute sa vie très vertueuse. Elle menait la vie d'un ange dans « la maison de sa mère. » Monsieur le chantre de St-Nicolas, son maître de musique, a rendu le même témoignage que nous avons déjà cité. Depuis son entrée en religion elle n'a pas vécu moins saintement, puisque de jour en jour elle montait par dĕgrés à une perfection plus éminente. Les directeurs de conscience qui seuls, après Dieu, connaissaient la belle âme de notre Vénérable, ont rendu un témoignage de sa sainteté d'autant plus authentique qu'on le doit juger moins suspect. Celui du R. Père Pierre Maréchal, Religieux Minime, que nous avons rapporté lorqu'elle fut près de sa profession, ne pouvait être plus explicite.

Monsieur François Moënat, Doyen à Bulle, qui fut choisi pour confesseur extraordinaire de la Maigrauge, à cause de sa doctrine et de sa vertu reconnues, y venait en cette qualité deux fois par an. Dans une de ses visites, une religieuse qui ne se conduisait que par les sages conseils de la Mère Anne-Elisabeth, fut fortement tentée de lui retirer sa confiance. Elle consulta là-dessus ce saint homme, lui disant : « Mon R. Père ! Ma Mère n'est-elle « pas trompée ? Jamais je ne lui vois de livre en mains, ni pour « prier, ni pour méditer. Dois-je lui continuer ma confiance ? » L'homme de Dieu répondit : « Soyez persuadée que votre Mère « est dans le bon chemin. Je la connais depuis longtemps. (Il y « avait dix ans qu'il la dirigeait.) C'est une bonne âme. Faites « seulement ce qu'elle vous dira ; confiez-vous en elle, car elle « est illuminée de Dieu. »

Le R. Père Pierre Marius, de la Compagnie de Jésus, homme savant et vertueux, qui a servi trente ans d'exhortateur à la Maigrauge, et qui a dirigé notre Vénérable pendant les onze ans de son prieurat, a assuré qu'elle était « une âme chérie et inspirée « de Dieu. »

M. le Révérendissime Guillaume Moënat, Abbé d'Hauterive, celui qui a réformé sa maison et beaucoup contribué à la réforme de ses filles, à la Maigrauge et à la Fille-Dieu, dit dans une visite régulière, où on avait faussement accusé la Mère Gottrau, pour lors Maîtresse des novices : « Mes filles ! Vous avez une sainte « pour votre Maîtresse. Je ne crois pas ce qu'on dit d'elle, car « c'est l'envie et la passion qui parlent. Je la connais bien, et « sais combien sa vertu est grande et solide. »

M. Clément Dumont, successeur immédiat de M. Guillaume Moënat au siège abbatial d'Hauterive, précédemment confesseur ordinaire à la Maigrauge pendant neuf ans et demi, appelait communément notre Vénérable par le nom que lui avait donné Madame l'Abbesse Techtermann : « Son mouchoir blanc. » Et après son trépas il en fit un grand éloge en ce peu de mots : « Elle a été douée d'une pureté angélique et elle a toujours « mené une vie d'ange. »

Le R. Père Edme Werro, Religieux de grand mérite, s'était attiré par son savoir et sa piété la confiance entière de Madame l'Abbesse Gottrau. Il avait été près de quinze ans son confesseur ordinaire ; il a entendu sa confession générale ; il a souvent eu avec elle des conférences spirituelles ; il était son arbitre dans ses doutes, son conseil dans ses entreprises, le confident de ses secrets, le dépositaire des faveurs qu'elle a reçues du ciel. Elle lui communiquait tout, et principalement dans ses dernières années. Elle n'avait rien de caché pour lui. Ce digne directeur avait donc eu une parfaite connaissance de toutes ses vertus. Comme un peintre fidèle, il a pu la représenter au naturel, et il l'a voulu. La délicatesse de sa conscience ne lui aurait pas permis un seul faux trait dans ce portrait. Or, voici les jugements qu'il a portés en divers temps :

Du vivant de l'Abbesse il se contenta de dire une fois que les Saints l'aimaient, puisqu'elle les chérissait et les honorait.

Une autre fois, étant consulté par une religieuse, il répondit : « Consultez là-dessus Madame votre Abbesse. Vous avez en elle « une sage et bonne Mère. »

Un jour, c'était le dimanche des Rameaux, il dit à un grand nombre de religieuses assemblées : « S'il plaît aux Supérieurs, « vous saurez une fois les grandes et solides vertus de votre « bonne Mère. »

Mais après son décès il crut devoir parler plus ouvertement à l'honneur de la défunte pour consoler la Communauté. Il donna à entendre qu'elle était morte avec son innocence baptismale, puis il affirma positivement que de sa vie elle n'avait péché mortellement ; que, par conséquent, son âme était, à n'en pouvoir douter, dans une très grande paix.

§ II

PIÉTÉ ET EXTASES

Quoique ces essors spirituels ne soient pas une preuve de sainteté et que le démon puisse les contrefaire pour retenir une âme séduite dans ses illusions, ces effets visibles du surnaturel, très avérés en la Mère Abbesse Gottrau, ne pouvaient venir que du bon esprit ; car une âme humble, obéissante et ouverte à ses directeurs, ne peut devenir le jouet de l'esprit tentateur. Cette sorte de faveurs devient alors une légitime présomption de la sainteté de l'âme qui en jouit.

Nous avons vu, en la Communion qui suivit immédiatement la confession générale que notre Vénérable fit au noviciat, comment elle était déjà douée des dons d'oraison, de larmes et de contemplation. Ses prières étaient ce que les nôtres devraient toujours être, une élévation de l'esprit à Dieu. Dans ses exercices de piété elle ne s'occupait que de Lui, elle ne tendait qu'à Lui ; toute pensée étrangère était bannie de son esprit. Son âme était si étroitement unie au Cœur de Jésus, son Bien-Aimé, que rien ne pouvait l'en séparer, pas même l'en distraire. Elle avait en cela un privilège singulier, après lequel de grands Saints ont inutilement soupiré. Saint Bernard a avoué qu'il ne pouvait réciter un *Pater* sans être distrait ; c'était lorsque Dieu le remettait au niveau du chrétien vulgaire. La Vénérable Anne-Elisabeth a passé des heures entières en prière sans aucune distraction. J'aurais de la peine à le croire, si je ne l'avais lu dans un écrit qu'elle-même avait envoyé à son confesseur extraordinaire, et elle était certainement incapable d'en imposer. Voici comment elle s'explique à ce sujet : « Parfois, les fêtes, « quand j'avais la commodité de faire ce que l'on veut, j'étais « presque tout le jour en oraison bandée. Il me semble qu'une « fois j'ai été trois heures de suite sans aucune distraction, » Il faudrait que nous fussions aussi saints et aussi privilégiés qu'elle le fut pour sentir ce qui se passait alors en son âme. Nous l'ignorerions encore, si la divine Providence n'avait conservé pour notre édification les lettres qu'elle écrivit à ses directeurs. Dans une de ses épitres elle dit : « En certain temps que je me sens « plus collée à Dieu, je me sens une certaine douceur dans ma « bouche qui n'est aucune liqueur. En tirant l'air je sens cette « douceur, mais particulièrement quand je pense à Dieu, ou bien « quand on me contrarie ; et, pour dire la vérité, je ne m'en soucie « pas ; car cela est bon pour les enfants, mais non pour ceux qui « ont un grand désir de souffrir pour Dieu. » Y eut-il jamais amour moins intéressé ? La Mère Gottrau ne consultait pas ses intérêts dans la prière ; elle ne cherchait que la gloire de Dieu, elle ne se souciait aucunement des douceurs qu'elle y goûtait ; quoique vraisemblablement elles fussent plus agréables que celles de la manne dont furent nourris les Israélites dans le désert.

Les douceurs qu'elle savourait dans ses exercices de piété étaient souvent suivies d'un torrent de larmes. Que de fois on l'a trouvée vaquant à la prière tantôt dans la retraite de sa cellule, avec un visage tout enflammé ; tantôt dans un angle du jardin, où les explosions de sa joie ressemblaient à de puissants éclats de rire ; tantôt dans un coin de l'oratoire qu'elle arrosait de ses pleurs. Il était à présumer qu'elle pleurait de joie, et que ses larmes n'étaient que l'expression des sentiments dont tressaillait son cœur. Quand on lit ses écrits et qu'on repasse les relations qu'elle faisait de son intérieur aux guides de sa conscience, on s'étonne du grand nombre de faveurs insignes que Dieu lui a accordées durant ses prières et ses méditations. Ces faveurs sont si extraordinaires qu'on aurait peine à les croire, si elle ne les avait déclarées elle-même, par pure humilité, dans l'intention de demander conseil, pour se garantir des prestiges et illusions de l'ennemi.

Dans toutes ses Communions elle recevait du ciel de nouvelles grâces, de nouvelles consolations. Dans l'une, Dieu lui fit connaître l'étendue des mérites de Jésus-Christ, et comment les saintes âmes y peuvent participer par le moyen des actes de foi, d'espérance et de charité ; dans d'autres, elle était si vivement pénétrée des augustes mystères qu'on célèbre à certains temps de l'année, qu'il lui semblait y être réellement et véritablement présente. Quelquefois son âme était si fortement occupée de ces divins mystères, que son corps s'affaiblissait à ne pouvoir se soutenir ; d'autres fois le cœur lui tremblait sous la violence de ses palpitations ; il est même arrivé que, dilaté par le feu de l'amour de Dieu et comblé de consolations, son cœur semblait éclater et amener sa mort.

Il faut ajouter encore, à la gloire de notre Vénérable, que ses oraisons dans leur objet tenait du prodige. Les personnes les plus éclairées comme les plus spirituelles ont coutume, pour faciliter leurs prières soit vocales soit mentales, de faire usage de quelques beaux livres, écrits par les saints Pères ou par d'habiles maîtres en la vie spirituelle ; mais la Mère Gottrau, depuis trente ans, ne s'en servait plus. Quand elle voulait ou prier ou méditer, son Bien-Aimé lui fournissait abondamment de quoi nourrir longuement sa dévotion. A la seule pensée que le Saint-Esprit lui inspirait sur Dieu, ou sur ses adorables perfections, ou sur un mystère de la religion ou de la Passion du Sauveur, il se répandait dans son esprit des lumières si ravissantes, et dans son cœur des sentiments si consolants et si enflammés, qu'elle aurait pu passer des jours et des nuits dans les plus suaves contemplations. Elle eut, en effet, le privilège d'en passer ainsi un grand nombre. Heureux, mille fois heureux alors, le sort de notre Vénérable Mère ! Dans ses sublimes contemplations elle jouissait d'un avant-goût des délices éternelles. La ravissant en quelque sorte, comme saint Paul, jusqu'au troisième ciel, Dieu attirait tellement à Lui toutes les puissances de son âme, que celle-ci paraissait être séparée du corps, ne plus l'animer, ne plus agir sur les organes des sens extérieurs. Elle n'était pas encore professe que le Seigneur la doua déjà du don extatique, ainsi qu'elle en a fait l'humble aveu dans ses écrits, et selon le témoignage formel et authentique des religieuses, témoins de ses extases.

La Mère Anne-Gabriel Berset a déclaré « l'avoir vue dans la chambre du noviciat comme ravie, appuyée sur le giron de la Maîtresse, ses yeux vers le ciel et la face toute enflammée. » La Mère Catherine Dumont a attesté l'avoir surprise au jardin « comme ravie, chantant et toute enflammée. » La Mère Bernard de Diesbach a déposé « l'avoir vue une fois élevée de terre et les mains jointes, les yeux vers le ciel, toute enflammée et si belle, qu'on voyait bien que Dieu lui faisait voir de grandes choses. » La Sœur Marguerite-Gertrude de la Croix a attesté au R. Père Pierre Maréchal « qu'on l'avait trouvée dans la chambre des novices élevée de terre et si belle, comme ceux qui sont déjà à demi bienheureux, et fut ainsi assez longtemps, jusqu'à ce que la Maîtresse des novices la tira si fort qu'elle la fit revenir à soi. » J'ai cru devoir rapporter ces dépositions mot pour mot. Or, si la novice Gottrau était déjà si privilégiée, quelles faveurs du ciel ne doit-on pas lui supposer à proportion du progrès qu'elle faisait en la perfection religieuse ? On en cite un si grand nombre qu'on ne saurait les énumérer. Elle s'est trouvée maintes fois comme ne tenant plus au monde. Absorbée dans ses sublimes contemplations, elle tenait le regard fixé aux cieux, et demeurait aveugle pour tous les objets créés ; elle avait les oreilles sourdes à la voix des créatures, et le tact insensible aux impressions quelconques d'ici-bas. Dans cet état d'élévation, à quoi pensait-elle ? que voyait-elle ? à quoi son cœur demeurait-il attaché ? Elle était perdue dans l'immensité de Dieu ; elle communiquait avec la divinité ; elle était en relation avec les trois personnes de la Sainte Trinité ; elle puisait des connaissances mystiques et surnaturelles ; elle apprenait des vérités et des secrets qu'il n'est pas permis à l'homme de révéler ; elle admirait des beautés que naturellement l'œil n'a jamais vues ; elle entendait une harmonie que l'oreille n'a jamais entendue et que l'esprit humain n'a jamais conçue. On peut dire qu'elle avait les mêmes sentiments dont fût animé saint Pierre sur le mont Thabor, lors de la Transfiguration de Notre-Seigneur Jésus-Christ. Elle contemplait une gloire dont elle ne pouvait se rassasier.

§ III

PÉNÉTRATION DES PENSÉES SECRÈTES

Si les Saints du paradis connaissent nos besoins, s'ils voient en Dieu, comme dans un miroir, tout ce qui les intéresse sur la terre, nous croirons aisément que la vénérable Abbesse Gottrau, entre le grand nombre de connaissances que le Seigneur lui a communiquées dans ses oraisons et ses extases, reçut aussi le don de pénétrer l'intérieur de ses religieuses. Ayant été choisie pour conduire la nombreuse communauté de la Maigrauge dans la voie du salut, on ne peut douter que Dieu ne lui ait d'abondance accordé les grâces nécessaires au succès de sa pénible tâche. Or, une des grâces d'état d'un supérieur selon le cœur de Dieu est celle de bien distinguer les différents caractères, humeurs et inclinations des sujets qu'il doit gouverner ; car tous ne peuvent être traités également. Il en est des maladies de l'âme à peu près comme des maladies du corps : le remède ne doivent être administrés qu'après avoir pris connaissance des divers tempéraments. Il n'est donc pas surprenant qu'une supérieure aussi favorisée du ciel que l'a été notre vénérable Abbesse, ait possédé l'art des arts : celui de diriger les âmes et, en conséquence, celui de connaître l'intérieur des religieuses qui lui étaient soumises. Il est constant qu'elle a joui de cette prérogative. C'est le témoignage qu'en ont rendu celles qui ont eu le bonheur de vivre sous son autorité. Voici ce que la Sœur Gertrude de la Croix écrit d'elle

à ce sujet ; ce sont ses propres termes : « Elle avait le don de
« connaître les diversités d'humeurs. En voyant une personne,
« elle savait de quelle manière il la fallait conduire, afin de la
« rendre contente. Cette bonne Mère avait une grâce particulière
« pour tranquilliser les troublés et les affligés. » La même religieuse dit ailleurs : « Notre bonne Mère ne pouvait endurer en
« sa présence des personnes malicieuses ou dissimulées. Elle
« connaissait les intentions de ceux qui venaient la visiter, leur
« disant librement : Ne faites pas cela, car je sais que vous pensez
« à autre chose ; ce n'est pas de cœur ce que vous dites. »

Une autre Sœur a assuré qu'étant encore novice, Madame
l'Abbesse l'appela sous prétexte de s'informer de l'état de sa
santé et de sa persévérance en sa nouvelle vie ; puis, qu'elle lui
parla ensuite aussi parfaitement de tout ce qui se passait en son
intérieur, que si elle avait lu ses pensées. La Mère Béatrix Python
était un jour extrêmement mélancolique, chagrinée et désolée.
Madame l'Abbesse s'en étant aperçue, s'approcha d'elle et lui
dit : « Ma fille, laissez passer tout cela et soyez joyeuse. » La
Mère Béatrix fut singulièrement étonnée de cette parole et
honteuse que Madame connût le sujet de sa tristesse. Une Sœur,
qui n'a jamais consenti à ce qu'on la nommât, disait que toutes
les fois qu'elle voyait la Mère Abbesse il lui semblait voir en
elle quelque chose de divin. Elle était toute confuse lorsqu'elle
se trouvait en sa présence, craignant qu'elle ne connût ses pensées.
Elle ajouta que, finalement, elle ne sentait plus de répugnance
de lui parler à cœur ouvert de son intérieur, persuadée qu'elle le
connaissait d'ailleurs, puisque souvent elle était la première à lui
en parler et à lui dire ce qu'elle éprouvait.

L'opinion en était générale à la Maigrauge, et quantité de
personnes séculières ont cru également que Madame l'Abbesse
Gottrau connaissait les pensées les plus intimes. On eut dit
qu'elle savait même ce qui se passait dans l'autre monde ; car elle
révéla que telle religieuse souffrait au purgatoire pour n'avoir pas
suffisamment expié en ce monde telles fautes qu'elle spécifia.

§ IV

RÉVÉLATIONS ET PRÉDICTIONS

Prévoir l'avenir et prédire des actes de la liberté humaine, qui n'ont absolument pas de rapport avec aucune cause indéclinable, c'est une science qui n'appartient qu'à Dieu et aux âmes privilégiées à qui il veut bien les révéler, comme il les a révélés aux prophètes de l'ancienne Loi et, dans la Loi de grâce, à une multitude de saints personnages. On peut compter entre ceux-ci la digne Mère Elisabeth Gottrau. Différents traits de sa vie prouvent qu'elle a vu clair dans l'obscurité de l'avenir. Elle a prédit quantité de choses, arrivées au temps et avec toutes les circonstances qu'elle avait annoncées. En voici quelques exemples :

Des malveillants molestaient la Maigrauge, prétendant, sous divers prétextes, lui enlever quelques-uns de ses droits et de ses propriétés. La vénérable Dame les avertit charitablement de mettre fin à leurs vexations injustes ; elle les priait de ne pas vouloir usurper des biens donnés à Dieu pour l'entretien de ses pauvres filles ; sinon elle les menaçait de la vengeance du Souverain Juge, leur prédisant les malheurs qui leur arrivèrent effectivement. Elle prédit aussi la guérison de quelques-unes de ses Sœurs dangereusement malades, abandonnées des médecins, même presque agonisantes. La prophétie s'accomplit. Les malades ont recouvré la santé, au grand étonnement de ceux qui n'attendaient plus que leur mort.

L'Esprit-Saint lui a encore révélé ce qui arriverait à quelques-unes de ses religieuses. Elle les y disposait alors, disant à l'une : « Vous aurez dans peu telle affliction ; attendez-vous-y, et tirez-en parti pour votre avancement spirituel. » A une autre : « Vous aurez telle tentation ; résistez-y de toutes vos forces, et faites prendre la fuite au tentateur par le jeûne et la prière. » A une troisième : « Vous recevrez telle faveur ; soyez fidèle à

« Dieu et rendez-lui pendant toute votre vie le tribut de votre
« juste reconnaissance. » Ces prédictions se sont toutes réalisées.
C'est le témoignage qu'en ont rendu authentiquement les Sœurs
Madeleine de Reynold, Ludwine Thiémar, Marguerite-Gertrude
de la Croix et autres, ainsi que plusieurs séculiers de l'un et de
l'autre sexe, qui ont attesté que tout ce que la vénérable Abbesse
leur avait annoncé était arrivé.

Elle a prédit vers l'an 1634 que le R. Père Clément Dumont
serait un jour son Révérendissime Visiteur et Père immédiat (il
le devint en 1640). Elle a prédit sa mort et la fit annoncer à ses
deux sœurs. Elle a prédit qu'elle ne mourrait point sans avoir
reçu la bénédiction de Monsieur le Révérendissime Abbé d'Hauterive, indiquant le jour et l'heure où il arriverait à la Maigrauge.

§ V

SES ÉCRITS

Madame l'Abbesse Gottrau avait des connaissances généralement
étrangères aux personnes de son sexe. Elle possédait des lumières
qui égalaient celles des plus habiles docteurs en théologie. Son
intention était de ne s'en servir que pour sa direction individuelle ;
mais ses directeurs, après lui avoir rappelé l'oracle du Sauveur :
« Celui qui aura accompli le précepte et l'aura enseigné aux
« autres, celui-là sera appelé grand dans le royaume des cieux »,
l'exhortèrent à ne pas cacher ses dons sous le boisseau, mais à
placer sa lumière sur le chandelier, pour éclairer celles qu'elle
devait par état conduire dans les voies de la perfection. Ce fut
donc par obéissance qu'elle se livra en ce point au zèle aposto-
lique. Elle instruisit, elle exhorta par ses exemples, par ses
paroles, et prêcha par ses admirables écrits. En voici la liste :

1. *Relation sur l'état de sa conscience* au R. Père Marius,
Jésuite, son confesseur extraordinaire. Elle est de 20 pages,
divisée en 14 paragraphes.

2. *Chronique de la Maigrauge,* depuis l'an 1600. Elle y parle de l'origine de la clôture introduite le 27 avril 1602, par Madame l'Abbesse Dupasquier, et de la réforme établie le 25 mai 1624, sous Madame l'Abbesse Techtermann. On y trouve aussi la vie édifiante et la mort précieuse des Dames religieuses qui ont vécu depuis ces époques heureuses jusqu'à son temps.

3. *Les saintes pensées d'une âme qui soupire après la céleste patrie.* Ce sont les exhortations qu'elle faisait à ses novices en qualité de leur Maîtresse.

4. *Dévotion pour se préparer à mourir saintement et pour y aider les autres.* Cet ouvrage contient 52 paragraphes.

5. *Traité sur le mystère de l'Incarnation.*

6. *Traité sur le mystère de la Sainte-Trinité.*

7. *Méditations sur le même sujet.*

8. *Recueil de saintes maximes.*

9. *Avis pour prier dévotement.*

10. *Sermons capitulaires.*

11. *Six épitres à ses confesseurs extraordinaires.*

12. *Sujets de méditations sur les mystères.*

13. *Les sept sceaux que Jésus-Christ a ouverts.*

14. *Dévotion aux saints Patrons.* Office des Anges, de sainte Gertrude et autres.

15. *Réponses aux questions sur la vie intérieure.*

16. *Recueil de litanies et de prières* pour invoquer l'assistance de la divine Mère, des Anges et des saints Patrons et Patronnes.

17. *Recueil de méditations et d'oraisons* pour toutes les heures du jour et de la nuit *pendant l'octave de la Fête-Dieu.* Ce bel ouvrage ne fut pas achevé.

18. *Recueils de dévotions au Saint-Sacrement et au saint Nom de Jésus.*

19. *Recueil de diverses dévotions, prières, aspirations et lettres spirituelles* réunies après sa mort.

Tous ces écrits sont remplis de l'esprit de Dieu qui l'a toujours animée ; ils contiennent la pure morale de Jésus-Christ et la saine doctrine de l'Église. La Maigrauge déplore la perte qu'elle en a faite.

Les manuscrits autographes ont été remis entre les mains de M. Clément Dumont, Révérendissime Abbé d'Hauterive et Père immédiat du monastère de la Maigrauge. Après les avoir examinés, il les a envoyés, pour être de nouveau censurés, à M. Edme, Révérendissime Abbé de Saint-Urbain, qui était alors Vicaire général de l'Ordre de Citeaux en Suisse, en Alsace et en Brisgau. Celui-ci les mit sous les yeux d'une quarantaine de savants examinateurs qui tous les ont trouvés très catholiques. Ensuite le même Révérendissime les a approuvés et en a permis l'impression ; mais elle n'eut point lieu en ce temps de révolution et d'anarchie, et ces précieux manuscrits originaux, hélas ! n'ont jamais été rendus. La Maigrauge n'a gardé que la copie d'une partie de ces manuscrits, dont elle est redevable à l'avide piété de la Mère Marguerite-Gertrude de Reynold, dite de la Croix, qui l'a fidèlement tirée des propres écrits de la vénérable Abbesse.

Quiconque a vu ces ouvrages ne peut comprendre comment une Dame si assidue à la prière, si chargée d'occupations, si accablée de maladies, a eu le loisir et l'esprit assez libre pour livrer de si belles et nombreuses productions. On ne peut concevoir naturellement où elle a puisé ce fonds de conceptions sublimes, spécialement sur les augustes Mystères de notre sainte religion. Cependant toute surprise doit disparaître à la lecture de sa vie. Un disciple qui a Dieu lui-même pour maître, trouve à cette école le don de toute science. Elle le reconnaît ingénuement et avec confusion dans ses écrits, principalement en la longue épitre que la Mère de la Croix reproduit (pages 178 et suivantes). Sa science n'a donc pas été acquise par l'étude ; elle lui a été infuse dans ses contemplations, comme à sainte Brigitte et à sainte Hildegarde, qui, pour obéir aux ordres de leurs supérieurs, ont mis par écrit ce que le Saint-Esprit leur avait inspiré.

§ VI

PRODIGES AVANT SA MORT

En considérant la vie exemplaire de la vénérable Abbesse Gottrau, on ne peut disconvenir que chaque trait renferme des merveilles plus éclatantes les unes que les autres. Sa vie fut réellement un tissu de prodiges, pour ne pas dire un prodige continuel. En effet, quel prodige de force et de courage de la part d'une demoiselle si jeune et délicate, d'une novice de seize ans, d'avoir résisté à la tendresse d'une mère qu'elle chérissait et dont elle était chérie ! d'avoir triomphé si hautement du monde, de la chair et de l'amour-propre ! d'avoir persévéré dans la grâce de sa vocation, malgré les épreuves les plus dures, les mépris, les opprobres, les persécutions, continués en vain quatre ans durant pour l'éliminer du cloître ! Sa vie sanctifiée par la pratique des plus éminentes vertus, ses extases, la connaissance qu'elle avait des pensées d'autrui, ses révélations, ses prédictions et sa science, sont comme autant de langues qui publient les miracles de la grâce que Dieu a opérés en faveur de son humble et bien-aimée servante. Ce Dieu de bonté qui récompense déjà en ce monde même avec profusion le mérite de ceux qui le servent fidèlement, a bien voulu, pour manifester sa gloire et sa toute-puissance, accorder à notre vénérée Mère le don de faire des choses si surprenantes que, à nos yeux, elles ne diffèrent pas du miracle.

Nous avons déjà rapporté qu'elle fit marcher subitement une religieuse estropiée depuis longtemps. Une autre religieuse, souffrant d'un tintement d'oreilles qui lui causait des douleurs très vives, se plaignit une fois des maux aigus qu'elle endurait. La bonne Mère dit à sa fille : « Découvrez-moi une de vos « oreilles », puis elle la toucha du doigt et cette oreille fut aussitôt guérie. Mais le tintement continua dans celle qu'elle ne toucha pas. La Mère connaissait apparemment qu'une guérison complète n'était pas expédiente au salut de sa fille.

Le plus grand miracle que Dieu a opéré par l'entremise de la vertueuse Abbesse est la guérison parfaite des boiteux, des sourds et des aveugles spirituels. Elle avait le don de toucher les cœurs et de gagner les âmes à Dieu. Elle a rendu le mouvement à plusieurs libertins qui étaient paralysés spirituellement depuis longtemps, et les a fait marcher droit dans la voie du salut. Elle a aussi rendu l'ouïe à des pécheurs qui étaient sourds volontairement à la voix des inspirations divines; ainsi que la vue à ceux qui fermaient malicieusement les yeux au flambeau de la foi, à la lumière de la grâce qui voulait les éclairer. Par ses salutaires exhortations, prononcées avec une onction qui amollissait les cœurs les plus endurcis, elle a changé des pierres en enfants d'Abraham, suivant le langage de l'Ecriture. Elle a servi d'instrument à beaucoup de conversions. Nombre de demoiselles qui, de leur propre aveu, n'avaient jamais eu l'idée de se faire religieuses, mais au contraire un dégoût absolu, ont brisé leurs liens de vanité pour ne s'attacher qu'à Dieu dans la solitude.

Il est physiquement impossible qu'une même personne soit en deux endroits différents à la fois. Cette bilocation ne se conçoit pas sans miracle. Elle a été incontestable chez plusieurs saints. Or, au témoignage de plusieurs religieuses contemporaines de la vénérable Abbesse, ce miracle s'est reproduit en elle à trois reprises différentes. On l'a vue une fois, avant complies, dans sa chambre et en même temps au dortoir; une seconde fois, à deux heures du matin, dans son appartement et simultanément au chœur, à sa stalle; une troisième fois dans son lit et devant le Très Saint-Sacrement. Ce dernier fait eut lieu le 6 septembre 1657. Pendant la nuit un violent coup de tonnerre, accompagné d'éclairs, fit trembler toute la maison, et immédiatement après la foudre tomba sur le toit de l'église. Une religieuse courut aussitôt toute tremblante à l'église, où elle fut encore plus épouvantée de trouver Madame l'Abbesse à genoux devant le Très Saint-Sacrement; car elle savait que l'Abbesse n'était pas en état de se lever de son lit, à cause de son extrême faiblesse et des infirmités dont elle mourut deux mois après. Que cette vénérable Dame ait été présente corporellement et au même moment à l'église et dans sa chambre, ou qu'elle ait été de corps dans son lit et d'esprit seulement devant le Très Saint-Sacrement, c'est un fait surnaturel. Il fut accompagné d'un second miracle ; car, par ses prières, le monastère, au lieu d'être incendié, ne souffrit aucun dommage.

§ VII

PRODIGES APRÈS SA MORT

Après l'avoir connue si puissante auprès de Dieu pendant sa vie, on s'attend à voir les effets de son crédit au ciel. Nous pouvons en juger par le grand nombre de miracles opérés en faveur des personnes qui ont imploré son secours dans leurs pressants besoins. Une religieuse, qu'on ne saurait suspecter, a attesté que toutes les faveurs qu'elle avait demandées à Dieu par l'intercession de la vénérable Mère lui ont été accordées. Une autre était assaillie de tentations et scrupules, en proie à des aridités et des troubles de conscience continuels. Tout l'inquiétait, tout l'agitait, tout la désolait, ne pouvant se tenir en la présence de Dieu, même pendant l'office. Dans un état si affligeant, elle implore enfin le secours de sa bonne Mère défunte ; elle récite quelques jours de suite sur son tombeau trois *Gloria Patri*, etc., en action de grâces pour les faveurs dont les trois personnes de la Très Sainte-Trinité l'ont comblée pendant sa vie. Sa filiale confiance obtint tout son effet. Ses peines s'évanouirent ; au trouble succéda la paix de l'âme ; elle reçut la grâce de pouvoir en tout temps et en tout lieu se tenir en la présence de Dieu ; ce lui fut une joie qu'elle n'avait pas connue.

La vertueuse religieuse Marguerite-Gertrude de la Croix assure dans ses écrits qu'elle a été 28 ans sans pouvoir écrire un demi-quart d'heure de suite, tant les doigts et toute la main la faisaient bientôt souffrir. Désirant cependant pour la gloire de Dieu, pour son avancement spirituel et celui de ses consœurs, et aussi pour l'édification du public, transmettre à la postérité des faits avérés qui servissent à l'histoire de sa vénérable Mère, elle s'adressa à elle-même avec confiance, et l'invoqua pendant neuf jours, chaque jour par trois *Gloria Patri,* etc., en action de grâces, comme l'avait fait avec tant d'efficacité la religieuse mentionnée précédemment. Le second jour déjà elle put manier la plume à son gré et écrire sans difficulté. C'est cette religieuse qui a écrit le volumineux livre de la vie de Madame l'Abbesse Anne-Elisabeth Gottrau comptant 198 pages in-quarto.

La Sœur Félicité et plusieurs autres religieuses ont certifié avoir reçu du ciel par l'entremise de leur vénérable Abbesse plus de secours après sa mort qu'elles n'en avaient obtenus de son vivant. Grand nombre de personnes qui ont imploré son assistance, soit dans les tentations, soit dans les maladies, en ont été soulagées.

La Révérende Mère Marguerite-Pélagie de Montenach, religieuse pieuse et fervente, interrogée si, en son particulier, elle n'avait pas obtenu quelques faveurs par l'intercession de feu sa bonne Mère, a déclaré positivement et en conscience que, priant sur sa fosse, elle avait senti par six différentes fois une odeur plus agréable que celle des parfums les plus excellents. Elle ajouta avoir senti au visage comme une main qui la caressait.

La tradition, dont les religieuses à la fin du siècle passé étaient dépositaires, portait que souvent, et encore de leur temps, on avait respiré une odeur douce et suave qui s'exhalait du tombeau de la vénérable Abbesse.

L'an 1785, la veille du dimanche des Rameaux, les religieuses Converses, balayant le Chapitre, sentirent tout-à-coup une douce odeur s'élever du tombeau de notre Vénérable, comme si on avait parsemé sa tombe de fleurs odoriférantes. Toutes émerveillées, elles appelèrent la Sœur Benoît Jenni qui balayait le cloître ;

celle-ci accourut et fut témoin du prodige comme ses Sœurs.
Cette suave odeur dura environ cinq minutes, d'après la relation
faite par les Sœurs Claire Perler et la susdite Benoît Jenni.

§ VIII

SA RÉPUTATION DE SAINTETÉ

Nous avons vu le témoignage qu'ont rendu de Madame
l'Abbesse Gottrau trois Supérieurs majeurs et Pères immédiats,
les Révérendissimes Guillaume Moënat, Clément Dumont et
Candide Fivaz, successivement seigneurs Abbés d'Hauterive, et
l'attestation de ses confesseurs ordinaires et extraordinaires, qui
tous ont assuré qu'elle a toujours mené une vie de sainte, de
prédestinée, d'ange, n'ayant jamais commis un seul péché mortel.

Nous avons rapporté les déclarations des religieuses qui ont
vécu avec elle et sous sa direction, celles de prêtres savants et
pieux, tant séculiers que réguliers, qui ont été consultés par elle,
et celles des laïques qui ont eu le bonheur de converser ave elle.
Les dépositions que j'ai sous les yeux émanent de 61 témoins.

C'est aussi la sanction de M. le Révérendissime Edme Glutz,
Abbé de Saint-Urbain et Vicaire général de l'Ordre pour la
Suisse. En sa visite régulière faite à la Maigrauge l'an 1658, il
examina dans sa sagesse les faits et traits surprenants, caracté-
risant la vie édifiante de la Vénérable, décédée l'année prédédente.
Enfin sur le bruit public de sa vie sainte, du chant mélodieux
entendu à son décès, de l'odeur agréable qu'exhalait son corps
inanimé, et des prodiges opérés sur son tombeau, il se forma à
Fribourg une opinion générale et constante que la Maigrauge
possédait une véritable relique, que la Révérende Dame Abbesse
Gottrau était une sainte.

Si nous vivions dans les temps religieux qui ont précédé le
douzième siècle, où la voix du peuple était censée la voix de
Dieu, cette opinion générale suffirait pour nous autoriser à

rendre à la vénérable Abbesse un culte qui ne convient qu'aux Saints. Mais, depuis que notre Mère la sainte Eglise exige une multitude de formalités à observer dans la procédure des béatifications et canonisations, il ne nous est pas encore permis de lui rendre un culte public et solennel. Cependant nous croyons qu'elle n'en est pas moins bienheureuse, ni moins puissante auprès du Très-Haut, et, pour cette raison, nous pouvons l'invoquer en particulier dans nos besoins, soit spirituels, soit temporels.

A peine fut-elle morte, qu'une religieuse lui demanda son assistance par la prière suivante :

« O Jésus, Fils du Père éternel et de Marie, je vous rends « grâce avec tous les anges et les saints du paradis, des faveurs, « des grâces que vous avez daigné accorder à votre épouse, « Anne-Elisabeth.

« Qui pourrait ne pas vous aimer, ô aimable Jésus ! vous qui « êtes si bon à l'égard de ceux qui vous aiment et qui ont quitté « les vains plaisirs du monde trompeur pour l'amour de vous, « dans le dessein d'imiter votre humilité, votre obéissance, votre « pureté, votre pauvreté, votre aversion pour le péché et votre « mépris pour toutes choses créées ?

« O doux Jésus ! je vous prie de me faire part des vertus dont « votre épouse, Anne-Elisabeth, a été revêtue, et d'avoir, par son « intercession, pitié de moi et de notre monastère, en nous « donnant une Mère Abbesse qui fasse exécuter les pieux desseins « que votre très chère servante Anne-Elisabeth avait formés, « spécialement la dernière année de sa vie. Accordez-moi la « grâce de devenir ce qu'elle désirait que je fusse, lorsque j'avais « le bonheur de vivre avec elle.

« O mon divin Jésus, souvenez-vous de tant de prières qu'elle « vous a adressées pour moi, pour notre humble monastère et « pour l'univers entier. N'ayez point égard à notre fragilité et « tiédeur. Oubliez nos infidélités, nos péchés. Par la bonté que « vous avez eue pour votre servante, accordez-nous la grâce de « pratiquer ses vertus, surtout sa grande ferveur, son humilité,

« sa patience, sa douceur et son zèle pour l'Office divin, pour la
« discipline régulière, pour le salut des âmes, comme celui de
« faire connaître votre saint Nom à tout le monde.

« O ma bonne Mère Anne-Elisabeth ! qui êtes maintenant au
« chœur des Séraphins, n'oubliez pas vos pauvres filles que vous
« avez laissées orphelines. Vous voyez dans Dieu toutes nos
« nécessités, et combien nous sommes éloignées de vos vertus ;
« tenez, pour l'amour de Dieu, la promesse que vous nous avez
« faite d'être au paradis notre Mère, comme vous l'avez été sur
« la terre en qualité d'Abbesse. Vous connaissez tous nos besoins,
« tant spirituels que temporels ; je vous recommande donc en
« particulier le noviciat de notre abbaye, puisque le bonheur
« d'un couvent dépend beaucoup des novices religieusement
« élevées. Empêchez que jamais aucune fille entre chez nous qui
« n'ait la volonté sincère de devenir une véritable enfant de notre
« glorieux Père saint Bernard. Obtenez-nous une Abbesse qui
« nous fasse exécuter ce que vous exigiez de nous, et ce à quoi
« vous eussiez réussi si le Seigneur avait voulu prolonger vos
« jours plus longtemps. Je vous recommande aussi le théologien
« qui prendra la peine d'écrire votre vie et de publier vos ouvra-
« ges ; veuillez lui obtenir la grâce de surmonter les difficultés
« que le diable lui suscitera pour le décourager à entreprendre
« et à poursuivre un travail qui contribuera si fort à la gloire de
« Dieu et à l'édification du prochain.

« Soyez notre avocate auprès de Jésus et de Marie, des anges
« et de tous les saints de notre Ordre. Obtenez-nous la ferveur de
« nos premiers Pères et Mères en religion, les Robert, Albéric,
« Etienne, Bernard... et les saintes Lutgarde, Franche, Humbe-
« line, Julienne... Priez Dieu de vouloir confondre ceux et celles
« qui oseraient troubler la paix, l'union et la parfaite observance
« de la règle dans nos maisons. Recommandez-nous à la glorieuse
« Mère de Dieu, la puissante et spéciale protectrice de l'Ordre de
« Cîteaux, afin qu'elle nous obtienne la grâce de vivre et de
« mourir en parfaites religieuses et de jouir une fois avec vous
« de la bienheureuse éternité. Ainsi soit-il. »

Quelques religieuses, persuadées du crédit que leur Abbesse défunte avait auprès du Tout-Puissant, se sont adressées à elle avec pleine confiance et ont obtenu les faveurs sollicitées. Le bruit s'en étant répandu, la dévotion s'est accrue et persiste encore. (Se rappeler l'époque où cette vie fut écrite.) Beaucoup de personnes implorent son secours et ordinairement avec le succès désiré.

Quatre religieuses ont fait une neuvaine dernièrement sur son tombeau ; l'une m'a assuré avoir eu dès le second jour ses vœux exaucés, et une autre avoir trouvé dès lors un soulagement dans ses infirmités. Chacune récitait des prières selon sa dévotion, en ajoutant trois *Pater* et trois *Ave* avec autant de *Gloria Patri*, en action de grâces des faveurs que la Vénérable a reçues des trois personnes de la Sainte-Trinité ; prières qu'on termine par l'oraison suivante, abrégé de la précédente.

ORAISON

Dieu tout-puissant et infiniment miséricordieux, qui avez honoré votre servante Anne-Elisabeth d'un grand nombre de faveurs extraordinaires, daignez, par l'intercession de cette vénérable vierge et Abbesse, que je crois jouir de votre face glorieuse, faire renaître à la Maigrauge l'esprit de ferveur, de résignation, de régularité, de paix, d'union et de patience dont elle fut animée, et à moi en particulier, m'accorder, outre les grâces nécessaires pour vous servir fidèlement, celle de..... si toutefois cela peut contribuer à votre gloire et au salut de mon âme. Par Notre-Seigneur Jésus-Christ, votre Fils unique, qui vit et règne avec vous dans l'unité du Saint-Esprit durant les siècles des siècles. Ainsi soit-il.

IX

CARACTÈRE D'UNE FAUSSE SAINTETÉ ET CELUI D'ANNE-ÉLISABETH

Une personne qui se croit sainte est séduite par le démon. L'orgueil et la vaine gloire la dominent ; remplie d'amour-propre, elle s'estime au-dessus des autres ; elle est arrogante, opiniâtre dans ses sentiments. Hypocrite, si elle affecte un dehors de dévotion, elle n'en a pas l'esprit, voulant paraître aux yeux des hommes ce qu'elle n'est pas aux yeux de Dieu. Elle est singulière dans ses exercices, et rapporte toutes ses actions à l'idole de son égoïsme. Elle n'est solide ni dans sa façon de penser, ni dans ses paroles, ni dans ses œuvres ; elle est inconstante, volage, et se tourne au gré de ses passions. Ingrate, elle oublie facilement les bienfaits dont on la comble, et ne rougit point de calomnier, de persécuter, de sacrifier ceux qui l'ont servie, lorsqu'il est question d'un nouvel intérêt ou de contenter son ambition. Si encore une personne inspirée du diable prétend quelquefois couvrir son orgueil du manteau de l'humilité, elle n'en imposera pas longtemps, bientôt le masque tombe. A la plus légère réprimande, à la plus petite correction, elle prend feu, elle s'emporte, elle se vante, se loue, elle n'a jamais tort, elle ne veut ni s'humilier, ni faire des excuses aux personnes qu'elle a offensées ; elle donne accès dans son cœur à la rancune ; elle nourrit le ressentiment, elle caresse dans son sein un serpent dont elle cherche à exprimer le venin. A-t-elle réussi, elle est toute glorieuse de son triomphe et se délecte dans sa vengeance méditée depuis longtemps.

Par surcroît de malice, cette personne est un brouillon qui divise les cœurs et les esprits. Pour se justifier, elle forme des plaintes mensongères, et trouve par là le moyen de s'attirer la compassion des esprits ou mécontents ou politiques ou flatteurs qui approuvent ses coupables procédés. De là naît l'esprit de parti, de faction, de cabale, de schisme qui désolent tant de sociétés. A l'ombre d'une fausse conscience, elle dort tranquillement, bercée d'un extérieur apparent de religion et, dans ce funeste sommeil de l'âme, elle ose sacrilègement recevoir les augustes sacrements de Pénitence et d'Eucharistie. Quand un confesseur l'avertit charitablement de son illusion, de ses désordres, du danger imminent qu'elle court de perdre son âme, elle n'en croit rien, elle le traite de rigoriste outré, elle s'obstine, elle le quitte pour en tromper un autre qui ne la connaît pas ; sans prévoir, hélas ! qu'elle-même est la première et la seule trompée. Elle est semblable à une femme de laide figure qui se fâche contre un miroir trop fidèle, et pour cela l'abandonne et ne veut plus s'en servir. Enfin, si une personne séduite par le père de l'erreur et du mensonge a le talent de composer des ouvrages, elle ne peut s'empêcher de glisser dans ses écrits quelques passages contraires à la saine morale ou à la foi. Elle discourira peu sur Dieu, sur la sainteté et la vertu. Si cependant elle en parle dans son hypocrisie, c'est sans force et avec si peu d'onction que ses paroles ne touchent aucunement.

Voilà les marques qu'une fille véritablement intérieure, la Sœur Marguerite-Gertrude de la Croix, rapporte dans la vie qu'elle a écrite de sa vénérable Mère (page 134 et suivantes), et qu'elle tenait des maîtres de la vie spirituelle, pour connaître si une âme est trompée par le malin esprit.

Or ces marques ne se rencontrent point dans la vie de notre Révérende Dame Abbesse ; elle possédait, au contraire, toutes les vertus qui caractérisent les âmes chéries et inspirées de Dieu. Elle a été d'une humilité qui ne s'est jamais démentie. Elle ne voyait en elle que fragilité et faiblesses de tout genre. Elle croyait ne mériter que le blâme et le mépris de ses Sœurs. On ne l'entendait pas s'excuser, ni se disculper, ni proférer quelques paroles à sa louange ; mais, toute confuse, elle rougissait quand, en sa présence, on faisait de ses vertus le moindre éloge. Sa dévotion ne fut jamais couverte du voile de l'hypocrisie, car lorsqu'elle voulait vaquer à l'oraison, soit vocale, soit mentale, elle se dérobait aux regards humains, pour n'être vue que de Celui qui était le principe, le sujet et la fin de ses exercices de piété. Lorsqu'elle parlait de Dieu, des saints, de la vertu, elle le faisait avec un respect, une ferveur, une onction qui touchaient ses auditeurs et qui prouvaient que sa bouche parlait de l'abondance du cœur. Dans les contrariétés, les vexations, les longues persécutions de sa vie, dans ses maladies douloureuses et continues, elle fut, comme en toute sa vie, d'une patience admirable. On ne la vit jamais triste, jamais boudeuse, ni vindicative ; mais toujours gaie, débonnaire et pacifique. C'était un ange de paix, elle priait pour ses ennemis et les poursuivait des preuves de son affection. Le caractère de l'ange rebelle est en opposition flagrante avec l'obéissance. Le cœur qu'il abuse est orgueilleux comme lui et se complaît en lui-même. Singulier dans ses actions, hautain dans la conversation, malgré une modestie affectée, il décide et n'hésite guère, il s'obstine dans ses sentiments. Enfin, se posant en personnage d'importance, il s'aventure et tombe jusque dans le ridicule.

Le caractère de notre Vénérable fut diamétralement opposé à celui-là. Soupirant sans cesse vers le ciel, elle ne s'affectait pour rien sur la terre. Cette chaste épouse de Jésus-Christ n'était attachée qu'à son Bien-Aimé ; elle aurait cru avoir fait peu de chose si, en quittant le monde, elle n'avait également, pour l'amour de Lui, renoncé au petit monde que chacun porte en soi, c'est-à-dire à ses passions, à son amour-propre. Persuadée que de tous les sacrifices celui de la volonté propre est le plus agréable à Dieu, elle a voulu constamment vivre dans la dépendance. Elle avait appris à l'école de saint Bernard qu'il n'y a point d'enfer pour celui qui n'a pas de volonté propre. Elle y avait appris que quiconque veut être maître de sa conduite, se constitue le disciple d'un insensé. C'est pourquoi toute sa vie elle a préféré faire la volonté d'autrui plutôt que la sienne. Elle a toujours su se plier, obéir. Tel est le caractère des Saints, tel fut celui de notre vénérable Anne-Elisabeth Gottrau. L'obéissance fut son unique boussole ; l'obéissance prescrivait ses intentions et la dirigeait en ses actions. On ne la vit jamais hésiter devant les autorités constituées pour sa direction ; car elle reconnaissait en la voix de ses supérieurs et directeurs la voix de Dieu même, lui déclarant sa volonté. Une exécution aveugle suivait promptement non seulement les préceptes, mais encore les conseils de ceux qui avaient charge de son âme. Lorsque ceux-ci avaient une fois prononcé, tout en était dit ; elle s'en tenait inébranlablement à leurs décisions, sans discuter, sans murmurer, sans alléguer quelqu'un de ces prétextes que l'amour-propre enfante. Elle n'avait rien de caché pour ses confesseurs ; elle leur déclarait ingénûment, malgré toute la pudeur de l'orgueil naturel, les inclinations et les tentations honteuses dont elle était assaillie, désirant toujours leur donner une connaissance aussi parfaite de son intérieur qu'à Dieu lui-même, pour ne pas s'égarer. Appuyée sur cette base solide de l'humilité et pressée par son vif désir de tendre à la perfection religieuse, elle ne quitta jamais le directeur zélé qu'elle avait une fois choisi. Elle en eut un qui, dans l'intention de l'éprouver et de la connaître à fond, l'a beaucoup exercée, humiliée, contrariée ; et cependant elle ne lui a jamais retiré sa confiance ; elle lui savait, au contraire, bon gré de ce que, ne voulant ni l'épargner, ni la ménager, il travaillait efficacement à sa sanctification.

Enfin l'orthodoxie de ses ouvrages, la pureté de sa doctrine, la cohérence de ses écrits, sans apparence d'aucune contradiction ; son amour pour les souffrances, son zèle pour la service de Dieu et la conversion des pécheurs ; les grâces particulières et les lumières extraordinaires dont elle a été favorisée du ciel, sont autant de preuves évidentes qu'elle ne pouvait être inspirée par le mauvais esprit.

Nous n'avons donc aucun lieu de douter que la vénérable Dame Abbesse Anne-Elisabeth Gottrau n'ait été une religieuse très vertueuse, éclairée d'en haut, toute vivifiée par l'esprit de Dieu, et qu'elle ne jouisse du séjour des bienheureux.

X

PHYSIONOMIE DE LA VÉNÉRÉE MÈRE

Elle était d'une taille au-dessus de la moyenne des personnes de son sexe. Elle avait dans sa jeunesse le corps bien fait ; mais, sur la fin de ses jours, elle était un peu voûtée. Ses mains étaient petites ; son visage ovale était marqué de traits fins. Elle avait la peau fort délicate. Lorsqu'elle vaquait à l'oraison, elle avait la face riante, le regard aimable et les joues vermeilles ; en dehors de ces moments, elle était extrêmement blême. Le front était un peu large ; le nez et les sourcils bien formés ; les yeux noirs, beaux, clairs et à fleur de tête. La bouche était agréable, quoique la lèvre inférieure fût un peu plus large que la supérieure.

Pour tirer son portrait, il faudrait la représenter, ou à genoux devant l'image de la Très Sainte-Trinité, tenant d'une main la crosse et de l'autre le livre de la sainte Règle avec un chapelet, ou assise devant une table couverte de ses écrits, tenant une plume à la main et les yeux fixés au ciel vers la Très Sainte-Trinité, de laquelle descendraient des rayons illuminant sa tête. On pourrait ajouter deux anges dans les airs, dont l'un tiendrait la crosse et l'autre la sainte Règle avec un chapelet entre les mains [1].

1 Cette idée a été suivie dans la peinture à l'encre de Chine, faite sur une feuille qui précède cette édifiante vie, au livre relié en peau d'où cette copie a été tirée. Une représentation semblable, coloriée, encadrée, est exposée à la chambre à manger du Directeur. Le peintre chromolithographique, auquel on a confié la reproduction du portrait, a préféré donner au visage de la Vénérée ses couleurs extatiques.

Note. — Les deux premières notices suivantes nous paraissent rédigées par la vénérée Anne-Élisabeth, alors qu'elle était chargée de continuer les Annales du monastère (page 82). On les lira avec d'autant plus de plaisir et d'édification.

FIN

NOTICE

SUR

LA VÉNÉRÉE SŒUR

ELISABETH CASTELLA

NOTICE

SUR

LA VÉNÉRÉE SŒUR

ELISABETH CASTELLA

---

17 janvier 1611, mort de la Sœur Elisabeth, fille de noble Pierre Castella, de Gruyères, coseigneur de Châtel-St-Denis, et de Dame Denise de Dandier, son épouse. Le R. Père Abbé d'Hauterive, Guillaume Moënat, alors confesseur à la Maigrauge, a abrégé la biographie de cette Sœur, dont suit cet extrait :

Comme fille instruite, prudente et sage, elle se proposa de garder fidèlement et perpétuellement le riche trésor de la virginité, pour la vouer et offrir en dot et don de mariage à ce très digne Epoux Jésus-Christ, avec sa foi, son espérance, son amour, son âme, son esprit, son cœur, son corps et tout ce qu'elle avait en elle, pour vivre en sa sainte grâce et mériter de vivre avec lui en sa gloire éternellement. Il l'accepta et la prit dès lors et, se l'étant spirituellement fiancée, il lui donna les beaux, honorables et inappréciables joyaux nuptiaux d'humilité, de patience, de douceur, de pudeur, de modestie, de constance, avec une multitude d'autres vertus, dont spécialement une dévotion fervente et zélée. Jésus-Christ, son fidèle Epoux, conserva la beauté de son âme et toutes ses richesses spirituelles ; et, afin de l'éloigner de la voie dangereuse et la préserver de la puissance du démon, du monde et de la chair, il lui donna les moyens de venir se renfermer et cacher le reste de sa vie au monastère de la Maigrauge, où elle se rendit volontairement, fut reçue et prit l'habit de novice le 20 juillet 1608, âgée de 20 ans environ. Toutefois ce ne fut pas sans qu'elle ait eu à soutenir plusieurs grands assauts de la part des ennemis de son salut qui, jaloux de ce trésor, faisant tous leurs efforts pour le souiller et le ravir, cherchèrent à molester et à alarmer cette sainte fille. Elle fut poursuivie par un jeune homme qui, pour l'épouser, recourut à des impostures et s'efforça par tous les moyens en son pouvoir de la faire sortir du couvent. Mais Jésus-Christ qu'elle avait choisi pour époux, qui l'aimait et à qui elle fut constante et fidèle, lui tendit la main, la secourut par des personnes amies qui la délivrèrent de ces embûches et afflictions ; de manière qu'ayant fait preuve de résolution, de constance et de dévotion, elle fit profession et prononça les vœux solennels le 29 avril 1610.

Après sa profession, elle se comporta si bien et si religieusement qu'elle fut un vrai miroir de vertus. Elle était toujours humble, sobre, patiente, obéissant sans murmure, retirée, solitaire, silencieuse, persévérante dans l'oraison, fervente dans la méditation, soigneuse et diligente au service de Dieu et en l'observation et accomplissement de la Règle et des statuts de l'Ordre. Elle buvait et mangeait peu, faisait de grandes austérités et pénitences. Elle n'était point curieuse des nouvelles et faits d'autrui. Elle se plaisait à lire des livres de piété et de dévotion, à travailler de son mieux à l'ornementation et décoration de l'église. Elle aimait à s'entretenir des choses saintes et salutaires. La pratique de toutes ces vertus la rendant aimable, elle était aimée, en effet, et chérie par ses Sœurs et compagnes, quoiqu'elle eut soin de leur cacher ses perfections. Elle se retirait seule dans sa chambre et célait ses mortifications et austérités, connues seulement de ses supérieures. Tels furent les fruits et les preuves de son amour pour son Epoux, Jésus-Christ, qui, pour l'éprouver, pour lui faire passer son purgatoire en ce monde et la rendre plus digne de sa gloire et de la félicité éternelle, la laissa chargée de beaucoup d'infirmités qu'elle supporta avec beaucoup de patience.

Cet état de souffrance commença peu de temps après sa profession et dura l'espace de sept mois, c'est-à-dire jusqu'à sa mort. Fortifiée par les consolations dont Dieu la favorisait continuellement, elle supporta ses douleurs avec tant de courage que, loin d'en être lasse et attristée, on était émerveillé de la voir joyeuse et contente comme si elle eut été saine et bien portante. Peu de jours avant sa mort, une religieuse étant morte, elle dit pour elle le psautier, assise sur sa couche, le bréviaire en main, dans son état de faiblesse et de débilité extrêmes, si grandes étaient sa dévotion et sa charité, rayonnant sur son visage qui était riant et beau comme celui d'un ange, témoignage de la beauté de son âme agréable et prête à aller à Dieu. Laissant son corps s'affaiblir peu à peu, il lui fit entendre qu'il la retirerait bientôt de cette vallée de misères.

Elle fit une confession générale depuis le jour de sa profession, reçut humblement et très dévotement tous les sacrements requis en son état et, la face sereine, les yeux levés vers le ciel, cette bienheureuse vierge rendit joyeusement son âme entre les mains de son Créateur et divin Epoux, Jésus-Christ, le 17 janvier 1611. Le ciel rendit témoignage de la gloire dont jouit dès son dernier soupir cette sainte âme. L'amour divin en avait consumé le fragile vaisseau terrestre qui avait porté cette fleur de virginité. Dès qu'il fut placé sur la bière, il rendit un parfum très suave, d'une douceur et d'un agrément merveilleux, qui se répandit par toute l'église, tout le monastère et encore dans ses environs ; comme si ces lieux eussent été embaumés des senteurs aromatiques les plus délicieuses, à la grande admiration de toutes les personnes de la maison. Cette odeur surnaturelle et miraculeuse qui émanait du corps inanimé de la Sœur Elisabeth Castella, révéla sa sainteté et la félicité dont jouissait déjà cette bienheureuse fille du saint Ordre de Cîteaux.

Madame l'Abbesse Anne Techtermann lui avait non seulement conservé toute son affection, mais elle avait encore envers cette chère fille spirituelle une vraie dévotion. Elle dit plusieurs fois au R. Père Moënat que, lorsque en proie à quelques douleurs de maladie ou tentations et afflictions d'esprit, elle allait prier sur son tombeau, elle se sentait allégée et consolée. Plusieurs religieuses assurèrent que la même faveur leur avait été accordée.

NOTICE

SUR LA SŒUR

MARIE REIFF

NOTICE

SUR LA

SŒUR MARIE REIFF

Le 15 juin 1615, mort de la Sœur Marie Reiff, dont le R. Père Guillaume Moënat, alors confesseur de la communauté et ensuite Abbé d'Hauterive, a relevé la vie comme suit :

Le père de cette bienheureuse s'appelait Jacques Reiff, conseiller de Fribourg, et la mère Barbe Sensinguerin. Elle naquit le 19 juin 1587.

En son jeune âge elle était très valétudinaire et sujette à plusieurs infirmités et maladies, qui n'annonçaient pas une longue vie. Un jour, elle fut réduite en tel état que ses parents la tinrent pour morte et ordonnèrent sa sépulture. Ils disposèrent la jeune fille selon la coutume usitée à l'égard des morts. Elle était étendue et couverte sur une table ; auprès étaient un crucifix, un vase d'eau bénite et un cierge allumé. Une servante se tenait à côté, qui vint à éternuer. Alors la petite Marie, comme se réveillant d'un profond sommeil, lui dit en allemand : « Dieu vous soit en aide. » La servante, tout étonnée, sans même regarder l'enfant, courut vers la mère et l'assura que sa fille était en vie. La mère accourt, dégage de ses vêtements son enfant qu'elle trouve vivante, à sa grande joie et admiration.

En croissant en âge elle crût en vertu et en dévotion. Sa mère, sage et pieuse, l'aimait et la chérissait singulièrement, non pas

tant parce qu'elle était sa fille que parce qu'elle était très vertueuse
et témoignait par ses actes ce qu'elle serait un jour. Elle y mit
tant de diligence qu'en peu de temps elle apprit à lire. Dès lors
tout son plaisir fut de lire des livres spirituels.

Parvenue à l'âge de 19 ans, elle témoigna à sa mère qu'elle
désirait quitter le monde pour embrasser l'état religieux. Cette
pieuse mère loua beaucoup ce désir ; mais elle lui représenta son
état d'infirmité, sa grande imperfection, et qu'elle serait refusée
lorsqu'il serait reconnu qu'elle était presque aveugle ; car depuis
quelque temps elle ne pouvait reconnaître les personnes qu'elle
voyait dans la rue. Sa mère recherchait tous les moyens et remèdes
qu'elle jugeait propres à la guérir, consultant les médecins,
employant diverses eaux qui tourmentaient beaucoup cette bonne
fille. Voyant que les médecins et la science humaine ne lui étaient
d'aucun secours, elle mit tout son espoir dans le vrai Médecin
et son refuge en Dieu, avec une foi vive et ferme espérance en
l'intercession de la Sainte-Vierge Marie, envers laquelle elle
avait beaucoup de dévotion, et dont elle avait déjà ressenti
l'assistance peu auparavant dans la guérison d'une grande surdité
qui l'affligeait. Elle assurait à sa mère que lorsqu'elle serait en
religion, le bon Dieu, en qui elle avait mis toute sa confiance,
lui rendrait entièrement la vue et la santé. Admirant cette confiance, touchée de tant de dévotion et de zèle, sa mère lui promit
de l'aider ; mais retenue qu'elle était par une grande maladie,
elle l'exhorta d'avoir patience jusqu'à ce qu'elle fût assez rétablie
pour qu'elle pût se rendre au monastère de la Maigrauge et l'y
présenter. Cette attente dura quelques mois, au bout desquels
cette Dame mourut. Après la perte de sa mère, la jeune Marie
communiqua son intention à un Religieux qu'elle savait être
ami du R. Père Moënat, Directeur du couvent. Il en fit part au
R. Père avec pressante recommandation. Elle-même vint aussi
au monastère à plusieurs reprises réitérer ses instances, qui firent
connaître son empressement et sa ferveur. L'entrée du monastère
enfin lui fut accordée, et au même instant elle recouvra la vue
entièrement. Ce prodige resta inconnu dans le couvent, parce

que personne ne s'était aperçu de cette infirmité. Quelque temps après, une cousine la vint visiter, et voyant que la taie qu'elle avait à un œil avait disparu et qu'elle jouissait d'une bonne vue, lui dit : « Ma cousine, d'où vient une si soudaine guérison ? « Qu'avez-vous fait ? » La jeune Marie, ne songeant plus à cette infirmité que comme à un mauvais rêve du passé, ne sut que répondre.

Elle se montrait fort humble et obéissante envers sa Maîtresse ; elle conversait avec ses compagnes avec beaucoup de douceur et ne leur donnait jamais aucun sujet de mécontentement. Elle leur servait d'exemple en tout, notamment dans l'oraison, à laquelle elle était très assidue, y consacrant le temps que lui laissaient les leçons suivies avec une grande application. Elle apprit en peu de temps à lire le latin couramment. Elle n'omit jamais de réciter l'Office de Notre-Dame. Mais lorsqu'elle dut apprendre à chanter, elle rencontra une telle difficulté dans la voix, que plus elle faisait d'efforts et y mettait d'application, moins elle avançait. La Maîtresse des novices tenait même pour certain qu'il lui serait impossible d'apprendre à chanter et de servir au chœur. Aussi l'avait-elle, sous ce rapport, entièrement abandonnée, lui disant que ce serait perdre le temps de continuer ses peines à ce sujet. Cette bonne âme en ressentit une grande affliction et n'attendait plus que l'heure où elle serait renvoyée à ses foyers paternels. Alors, comme elle avait une grande dévotion à faire ses prières devant une image de l'*Ecce Homo* qui est dans un oratoire de l'église, s'y arrêtant un jour pendant les Matines, tandis qu'on chantait le *Te Deum laudamus*, elle dit avec larmes et sanglots : « Seigneur, Dieu, ne me ferez-vous pas cette grâce que j'entende « chanter ce *Te Deum* en prenant l'habit de religion ? » Et, continuant son oraison, il lui sembla ouïr une voix qui lui disait : « Oui, ma fille, tu apprendras à chanter sans difficulté ; prends « courage. » En effet, à quelque temps de là elle fut capable de remplir exactement son Office et de chanter au chœur.

Désirant prendre l'habit de novice, elle eut la permission d'aller chez ses parents, pour faire confectionner ses habits et pourvoir à ce qui lui était nécessaire. Ses frères et sœurs, au milieu desquels elle séjourna une quinzaine de jours, la félicitèrent. Au moment de faire ses adieux à ses parents pour revenir au monastère, elle éprouva une telle répugnance et affliction qu'elle ne savait quel parti prendre. Le démon lui suggérait en l'esprit tant de difficultés, qu'il lui semblait devoir tout quitter. La crainte que sa famille ne s'aperçut de ses tentations l'affligeait encore davantage. Elle se retira dans un lieu isolé pour donner libre cours à ses larmes. Elevant alors son cœur à Dieu, elle implora son secours avec une telle ferveur, qu'elle sentit soudain en son âme un grand soulagement et une joie spirituelle. Ce qui doubla encore son courage, ce fut qu'au sortir de la maison paternelle, il lui parut voir devant elle le divin Sauveur chargé de sa croix et tout ensanglanté, qui marchait et paraissait lui enjoindre de le suivre. Elle eut cette vision jusqu'à la porte du monastère. Que cette vue ait été l'effet de l'imagination ou que son objet ait été réel, elle n'en fut pas moins une faveur de Dieu et un témoignage de son amour, puisqu'il en résulta un effet durable et surnaturel, celui de tirer du monde cette postulante et de la loger dans une maison de Dieu.

La pieuse fille eut à soutenir encore un autre assaut quelques jours avant sa prise d'habit. Comme elle s'y préparait avec une grande dévotion, elle éprouva une tentation si violente qu'il lui semblait devoir tout quitter et que la honte seule la retenait, et cela même à la vue de ses habits de novice tout préparés. Cette épreuve dura peu. Elle se retira dans un lieu solitaire et se recommanda à la Sainte-Vierge. Dès qu'elle eut commencé son oraison, elle éprouva une grande consolation et la tentation s'évanouit. Depuis lors elle ne fut plus sujette à de sérieuses répugnances. Elle prit l'habit le 7 octobre 1607, au grand contentement de son âme, après une préparation fervente, suivie d'une humble confession générale.

Son étude durant le noviciat fut d'entendre la lecture de la Règle, de la lire elle-même et de s'y conformer. Le secret enveloppait déjà ses oraisons et exercices spirituels. Environ trois mois après sa vêture, elle s'y adonna de toutes ses forces. Sa première méditation avait pour objet la Passion du Sauveur, particulièrement la circonstance où il fut montré au peuple par Pilate prononçant l'*Ecce Homo*. A cette occasion il lui parut voir distinctement notre divin Sauveur tel qu'il était après sa flagellation. Depuis ce moment elle se livra tellement à l'oraison mentale, qu'elle ne pouvait qu'avec grande difficulté prier vocalement. Plusieurs fois après avoir commencé le *Pater* ou quelque autre prière, elle ne pouvait l'achever sans que son esprit s'élevât à la contemplation. Durant ses oraisons vocales ou mentales elle avait presque toujours les yeux baignés de larmes ; mais lorsque cela lui arrivait au milieu des Sœurs, elle se contraignait et se cachait si bien, grâce à son voile, qu'on ne pouvait s'en apercevoir.

Un jour qu'elle était restée en prière au chœur après Matines, à genoux à sa place ordinaire, elle crut qu'on la tirait par son vêtement. Elle s'effraya et, cherchant du regard ce qui en était, elle vit comme un petit enfant vêtu d'une robe violette, qui lui tendait les bras, comme s'il la voulait embrasser. Toute craintive, elle s'éloigna en jetant ce cri : Jésus ! Jésus ! Les yeux baignés de larmes, elle goûta une bien vive consolation ; mais de crainte qu'on en eût soupçon, elle se retira dans sa chambre jusqu'à Prime.

Pendant l'Office divin, il lui paraissait habituellement avoir auprès d'elle son Ange gardien ; elle le sentait si réellement, qu'elle se serrait pour lui faire place auprès d'elle sur son siège.

Sa profession eut lieu le 14 juin 1609, jour où tombait la fête de la Très Sainte-Trinité. Elle avait alors vingt-deux ans. Elle prononça ses vœux à haute voix et prosternée selon la coutume. La Très Sainte-Trinité lui fit goûter sa présence. Elle en fut remplie d'une si grande joie et d'une telle consolation qu'elle ne le put exprimer.

Ses exercices journaliers étaient, le matin, de se lever au premier son de la cloche ou même auparavant. En mettant ses vêtements elle les adaptait aux mystères de la Passion. Rendue promptement à l'église et prosternée devant le Très Saint-Sacrement, elle baisait terre trois fois en l'honneur de l'oraison que Notre-Seigneur fit par trois fois au jardin des Olives, rendait grâce à Dieu des bienfaits qu'elle en avait reçus et lui demandait pardon de ses péchés. Ensuite elle communiait spirituellement avec une grande dévotion, et disait trois *Pater* et *Ave* en l'honneur de la Très Sainte-Trinité, un *Ave maris stella,* une prière à son Ange gardien, et quelques autres selon le temps qui lui restait pour se préparer à Matines. Durant l'Office de Notre-Dame, elle méditait à chaque psaume sur un mystère de la Sainte-Vierge. Elle en faisait de même aux psaumes de l'Office canonial, mais en s'appliquant aux mystères de la Passion du Sauveur. De plus à chaque psaume elle invoquait un saint pour s'aider à chanter dévotement les louanges de Dieu. Au *Gloria Patri,* elle priait ce Saint, par une oraison jaculatoire, d'offrir à Dieu ce quelle avait médité et prononcé. Elle prenait pour ses intercesseurs : le lundi, les neuf chœurs des Anges ; le mardi, les Apôtres ; le mercredi, les Martyrs ; le jeudi, les Confesseurs ; le vendredi, les Vierges ; le samedi, ses saintes Patronnes ; le dimanche, plusieurs saints Patrons qu'elle s'était choisis.

Après Matines, au premier moment libre, elle récitait le chapelet des six joies principales de Notre-Dame. Le temps de la sainte Messe se passait en méditations et en actions de grâces.

Son occupation au travail manuel était de faire ou raccommoder de petits *Agnus Dei,* qu'elle maniait avec beaucoup de révérence et dévotion. N'étant jamais oisive, ses discours roulaient toujours sur des choses saintes et spirituelles. S'il arrivait qu'on parlât de quelques vanités ou choses analogues, elle en détournait si bien son esprit, l'occupant à quelque pieuse considération, qu'elle perdait le souvenir de ce qu'on avait dit, comme si elle n'eut rien entendu ; mais lorsqu'on discourait de choses saintes, elle faisait paraître le plaisir qu'elle y prenait. Elle parlait avec beaucoup de modestie et de révérence, mais tant de dévotion, des choses de Dieu, qu'il était facile de comprendre que son cœur était tout embrasé de son amour.

Un jour qu'elle était au colloque avec les Religieuses, discourant ensemble des grandeurs et des louanges de la Vierge Marie, elle sentit en elle-même une si grande consolation, que, ne pouvant se contenir en leur présence et craignant que ce qui se passait en elle fût remarqué, elle se retira subitement dans sa cellule. Elle y demeura quelque temps en extase et il lui parut voir réellement la Vierge Marie, tenant entre ses bras son petit Jésus. Plusieurs de ses Consœurs ont remarqué que lorsqu'elle était en oraison à l'église, on ne pouvait pas apercevoir qu'elle respirât ni fît le moindre mouvement.

Il lui arrivait très souvent aux jours de fêtes, après Nones, que, voulant partager son temps jusqu'à Vêpres entre l'oraison et la lecture, et commençant par l'oraison pour y vaquer une demi-heure, elle y demeurait environ trois heures et y serait demeurée plus longtemps encore, si le son de la cloche ne l'eut rappelée à elle-même. Tous les soirs, après l'examen de sa conscience, elle communiait spirituellement. Quoiqu'elle ne fût pas robuste, elle pratiquait d'assez grandes austérités, cependant toujours avec permission. Depuis la Septuagésime jusqu'à Pâques elle portait la haire ; depuis Pâques à l'Ascension elle ne la portait que trois jours par semaine ; depuis l'Ascension jusqu'à la Pentecôte tous les jours, comme aussi tout l'Avent ; et en d'autres temps, la moitié de la semaine. Les mêmes jours elle prenait la discipline ; ce qu'elle faisait encore avant chaque communion. Elle jeûnait fort souvent au pain et à l'eau, spécialement durant la moitié du Carême. Il ne se passait aucun jour où elle ne fît quelque pénitence particulière, et le plus secrètement qu'elle pouvait, craignant la vaine gloire.

Un jour, comme l'une de ses compagnes qui s'était aperçue très souvent de ses dévotions, l'en voulait louer, elle eut un si grand regret de la bonne opinion qu'on avait d'elle, qu'elle en fut quelque temps dans l'affliction et eut de la peine à se remettre de ce mécompte. Ce qui prouve combien elle chérissait l'humilité, combien elle était convaincue de son néant. Cette sainte âme aimait tant la sobriété qu'elle n'a jamais laissé remarquer de préférence pour une espèce d'aliment. C'était pour elle une grande mortification d'user de ceux où elle trouvait du goût.

Au milieu d'images elle avait appendu à son oratoire son acte de profession, afin d'avoir toujours devant les yeux et en sa mémoire la promesse qu'elle y avait faite et le contrat qu'elle avait conclu avec Dieu. Pour rendre cette sainte âme parfaite et la purifier comme l'or dans la fournaise, Dieu l'éprouva par une fièvre étique, lente, qui pendant dix mois amaigrit et dessécha son corps, le consuma peu à peu, au point que le jour de l'Annonciation de Notre-Dame elle fut contrainte de se loger à l'infirmerie. Elle supporta sa maladie avec une entière résignation à la volonté de Dieu. Sa patience semblait prendre des accroissements à mesure qu'elle voyait approcher sa fin. Elle s'y prépara très dévotement par une confession générale, reprise depuis sa profession, et reçut le sacrement de l'Extrême-Onction avec une grande sérénité et une fervente dévotion. Dans la soirée du jour de la fête de la Sainte-Trinité, elle était si faible qu'elle s'évanouit plusieurs fois. Connaissant que l'heure de sa mort ne tarderait plus, elle fit appeler la nuit, le Père confesseur, vers les deux heures du matin. Toute la communauté fut réunie au son de la cloche autour du lit de la mourante. Elle avait demandé d'être revêtue avant sa mort des habits avec lesquels elle serait enterrée. On craignait en accédant à ce vœu de lui faire mal et d'avancer sa mort. Mais elle dit : « Non, non, ne « craignez point cela. Pour un peu de mal..... ce n'est rien. » On les lui mit alors avec le voile de sa profession, qu'elle avait conservé pour cette heure. Ainsi accommodée sur son petit lit, les mains jointes, les yeux élevés vers le ciel, elle assura qu'elle était fort à son aise, et n'éprouvait aucun malaise ; qu'elle se réjouissait de mourir. Elle pria l'assistance de dire les litanies de Notre-Dame et des Saints, auxquelles elle répondit elle-même. Etant entrée en agonie, elle fut mise sur la cendre suivant l'ancien usage de l'Ordre, et, toutes les Religieuses chantant des hymnes et des cantiques, elle rendit son âme à Jésus-Christ son divin Epoux vers les cinq heures du matin, le 15 juin 1615, à l'âge de 28 ans. Comme elle avait beaucoup aimé la Sœur Elisabeth Castella, elle avait prié instamment et très humblement la Mère Abbesse de vouloir bien permettre qu'elle fût ensevelie auprès d'elle ; ce qui fut agréé. Les corps de ces deux saintes Religieuses reposent au cloître, au lieu où l'on fait la lecture de la collation avant Complies.

Une Sœur était depuis quelque temps si agitée de troubles, qu'elle n'avait pas un moment de repos ni de consolation. Ignorant la cause de cette disposition de son esprit, elle l'attribua à une obsession de l'esprit malin. Après avoir beaucoup souffert, elle se souvint de ces deux bonnes vierges et, avec une foi et une espérance fermes d'être secourue, elle alla prier dévotement sur leurs tombeaux, les conjurant d'intercéder auprès de Dieu pour elle. Elle fut dès lors entièrement délivrée de son mal. Plusieurs autres religieuses du monastère, affligées de quelque maladie de corps ou peine d'esprit, allaient encore, longemps après, prier sur leurs tombeaux et y retrouvaient le soulagement et la consolation.

NOTICE.

SUR LA MÈRE

CATHERINE CASTELLA

NOTICE

SUR LA

MÈRE CATHERINE CASTELLA

La Révérende Mère Catherine, fille de M. Tobie Castella, Religieuse de la Maigrauge, était née à Gruyère, le 19 juin 1698. Bien faite de sa personne et douée d'une heureuse physionomie, elle passa ses jeunes ans dans la sagesse et la crainte de Dieu. Elle était d'une taille déliée, au dessus de la médiocre. Des restes légers de petite vérole ajoutèrent même à ses grâces naturelles. Ses cheveux chatains, son teint d'un beau coloris, un léger embonpoint relevaient son maintien grave, modeste. Néanmoins elle savait être agréable, gaie, enjouée dans l'occasion. Religieuse comme séculière, elle aima toujours la propreté dans sa personne, ses habits, ses meubles, sa chambre. Avant son entrée en Religion, elle passa cinq ans à Fribourg avec ses deux frères, étudiants. Les demoiselles de son voisinage les plus distinguées s'empressaient de l'attirer en leur compagnie. Elle n'aurait pas manqué de bons partis, si elle avait voulu y condescendre ; mais tout son attrait fut de se consacrer à Dieu dans l'Ordre de Citeaux et de devenir une fille de saint Bernard. On peut dire qu'elle a quitté le monde sans l'avoir jamais connu, et encore moins ses maximes. La sagesse et la vertu appartenaient d'instinct à son caractère. Sa profession religieuse mit le comble à ses désirs.

Elle embrassa la vie religieuse à la Maigrauge en 1722 et y vécut avec beaucoup de ferveur. Musicienne, elle touchait l'orgue délicatement, ayant eu pour maître en cet art le pieux et habile M. Jacques Zurthannen, organiste de la collégiale de Saint-Nicolas. Elle travaillait à toute sorte d'ouvrages, en broderie, en cire, en confiserie, en fleurs artificielles, outre les travaux plus communs. M. Henri de Fivaz, Abbé d'Hauterive, et Madame Schrotter, Abbesse de la Maigrauge, reçurent ses vœux de profession en 1724. A peine fut-elle professe, qu'on l'appliqua aux offices. Elle fut successivement infirmière, portière, directrice des graines et de la boulangerie, cellerière, économe, sous-prieure, Maîtresse des novices et enfin Prieure dans les circonstances critiques où Madame l'Abbesse Python fut privée de toute autorité par le Seigneur Emmanuel Thumbé, Abbé d'Hauterive. Elle s'en acquitta avec tant de sagesse et des ménagements si judicieux, qu'elle contenta tout le monde sans s'attacher à aucun parti en toutes les petites misères touchant le temporel qui ont agité cette communauté, si respectable d'ailleurs pour son exacte régularité.

On lui a ouï dire que le son de la cloche qui l'appelait au chœur lui causait toujours un nouveau plaisir ; aussi s'y rendait-elle avec exactitude et empressement. Elle possédait bien son chant ; sa voix était juste, douce, agréable, mais sans affectation. A l'orgue, elle excellait dans la partition.

Lorsqu'elle fut infirmière, les religieuses ne pouvaient assez se louer de l'adresse, de la sollicitude, et de la tendre et cordiale charité avec laquelle elle leur rendait tous les bons services.

Tant que la Mère Catherine eut l'administration de la dépense, elle eut soin de procurer un bon ordinaire à la table de la communauté, ainsi qu'à celles de l'infirmerie, des externes qui survenaient et des domestiques de la maison ; en sorte que chacun se disait content, tout en admirant son économie et sa prévoyance. Les comptes et le livre de son office, toujours en règle, satisfaisaient à tous les scrupules. Sa charité s'étendit sur les pauvres familles du quartier de la Planche et sur d'autres de la ville ; spécialement

sur les pauvres honteux de familles même aristocratiques, et sur
de pauvres écoliers, dont quelques-uns sont devenus de bons et
vertueux prêtres ou religieux. Elle faisait ces aumônes de ce
qu'elle avait en sa disposition avec l'agrément de Madame
l'Abbesse. Elle conserva cet office de dépensière ou procureuse
jusqu'à ce qu'elle devînt Sous-Prieure. Les remontrances qu'elle
était obligée de faire à ses inférieurs étaient assaisonnées de
douceur et de politesse ; c'étaient plutôt des prières que des
corrections.

Les différents intérieurs étant heureusement conciliés au bout
de deux ans, la Mère Catherine fit tant d'instances qu'on la
libéra de cette supériorité, onéreuse à sa modestie et à son
humilité. Comme elle était très versée dans les voies de la vie
intérieure, douée d'ailleurs d'un esprit de douceur et d'affabilité,
elle fut rétablie Maîtresse des novices. Quelques années encore
se passèrent dans cet emploi, avec le doux repos de la solitude,
jusqu'à ce qu'une torture d'entrailles, jointe à une ancienne
hernie qu'aucun remède n'avait pu réduire, l'enleva de ce monde.
Munie des saints Sacrements et confirmée dans sa parfaite résignation, elle expira après huit jours de douleurs les plus cuisantes,
après 46 ans de religion, le 20 du mois de janvier 1770. Elle fut
ensevelie au caveau du cloître par le R. Père Gabriel Chalamel,
religieux d'Hauterive, alors Directeur de la Maigrauge. Toute
la communauté versait des larmes aux obsèques de la Mère
Catherine, mais surtout ses chères novices qui étaient inconsolables d'avoir perdu leur bonne Mère.

Cinq ans après son décès, c'est-à-dire en 1775, on mit dans le
même caveau le corps de la Mère Joseph Chollet, qui avait été
une grande personne, fort replète. Elle était morte d'hydropisie.
Les valets et les Converses eurent toute la peine du monde de
faire passer cette masse énorme de chair et d'humeurs par l'ou-
verture du caveau, et on la plaça tout à côté de la Mère Catherine,
dont on trouva le corps tout entier. Cela ne fit pour lors aucune
sensation. On se contenta de lever son voile et de dire : « Voyez,
« son agréable visage est encore le même que le jour où nous
« l'avons ensevelie. » On ne toucha point à son corps.

Sur la fin de juin 1779 le caveau fut ouvert de nouveau pour y déposer le corps de la religieuse Gottrau-Gospeiré. On trouva celui de la Révérende Mère Catherine Castella encore ferme, sans corruption, aussi frais, beau et entier qu'au jour de sa sépulture, et ses habits sans moisissure. Elle semblait dormir.

La Sœur Rosalie Zumwald, Converse, qui était descendue dans le caveau pour y préparer la place au cadavre de la Sœur Gottrau, voulant mettre de côté les restes de la Mère Chollet, dont il ne restait que les os mêlés de poussière, et pousser le corps de Catherine avec une pelle un peu tranchante, lui fit une plaie assez considérable à l'épaule : les chairs qui parurent se trouvèrent fraîches et vermeilles, et, selon l'expression rustique de la Sœur Rosalie, « comme de la chair de veau que l'on vient de prendre à la boucherie. » A cette vue, Rosalie un peu émue, et surprise de la bonne odeur qu'elle assura avoir sentie dans ce souterrain, s'écria: « Mon Dieu ! je ne suis pas digne d'être ici. » Et elle remonta l'échelle. Ce rapport fit du bruit tant dans la ville que dans le monastère ; ce qui porta le R. Père Directeur, Dom Raphaël Castella, neveu de la Mère Catherine, à descendre lui-même dans la tombe. Il palpa les joues et les mains : les chairs étaient molles. Le visage était en tout reconnaissable ; les yeux n'étaient pas fondus, mais seulement éteints. Son voile et ses habits participaient de la même incorruption, tandis que les deux religieuses inhumées à ses côtés depuis cinq ans étaient réduites en poudre. Des personnes du dedans et du dehors avaient accompagné Dom Raphaël dans le caveau. On souleva le corps de la Mère Catherine par les épaules et par les pieds, et on le mit plus avant. Au mouvement il devait naturellement tomber, si non en poussière, du moins en pièces ; mais rien ne branla, rien ne fut disloqué. On le souleva une seconde fois, et on poussa les os de la Mère Chollet sous la tête de Catherine, comme pour lui servir d'oreiller, sans qu'aucun de ses membres se dérangeât. On examina tout ; l'incorruption était réelle et constatée. Le Père Directeur fit graver sur une plaque de plomb le nom, l'âge, les dates de la profession, de la mort et sépulture de la Mère

Catherine, et ranger cette plaque sous sa tête. Il inscrivit le tout en détail, exactement, dans le nécrologe du monastère.

Ce souterrain fut ouvert pour la troisième fois depuis la sépulture de la Mère Catherine le 10 novembre 1783, pour la Mère Jeanne Thumbé, décédée dans une extrême vieillesse. On ne toucha pas au corps de la Mère Catherine Castella ; on le regarda seulement et on vit que son visage était encore tout entier, reconnaissable avec tous ses traits, sans être devenu ni noir ni basané.

Le 31 août et le 1er septembre 1787, on ouvrit de rechef la tombe pour y mettre le corps de la Révérende Mère Clémence Galley. Celui de la Révérende Mère Catherine Castella, enseveli depuis le 20 janvier 1770, se trouva, ainsi que ses habits, dans la même incorruption que précédemment, tout entier, très reconnaissable à tous ses traits ; tandis que les autres étaient entièrement consumés et réduits en os et en poussière. Le visage de la Mère Catherine était un peu sali de la terre chassée avec les instruments. On ne songea pas à le laver.

Cette incorruption continuée si longtemps fit une nouvelle sensation dans le monastère et dans toute la ville. Monseigneur Bernard-Emmanuel de Lenzbourg, évêque de Lausanne et Abbé d'Hauterive, Supérieur et Père immédiat de la Maigrauge, en étant informé, y envoya M. Tinguely, Directeur du Séminaire de Fribourg, pour tout examiner et vérifier. M. Tinguely descendit dans le caveau avec le Révérendissime Dom Joseph Sévin, Docteur en théologie, ancien Seigneur Abbé de Freistrof, dans la Lorraine allemande ; ayant renoncé à son abbaye, il s'était retiré en celle de la Maigrauge du même Ordre ; le R. Père Dom Gabriel Chalamel, Procureur d'Hauterive, et le R. Père Dom Robert Gendre, alors Directeur de la Maigrauge, avec presque toutes les religieuses choristes et converses et les domestiques du monastère. On examina, on palpa ce corps soigneusement ; on tira ses habits de toute façon : rien ne se détacha, partout la même fermeté, tant du corps que des étoffes. M. Tinguely déchira avec peine un lambeau du voile que les religieuses se partagèrent entre elles. On renouvela la plaque de plomb, en y ajoutant ce qui s'était passé depuis ; on en fit de même dans le nécrologe du monastère, et on remit à Sa Grandeur Illustrissime un verbal de cette visite et de tout ce qui s'était passé antérieurement.

Lorsqu'on revêt pour l'ensevelir le corps d'une religieuse, ce n'est pas de ses meilleurs habits, mais de ce qu'il y a de moindre, de plus usé dans la maison. D'où donc provenait cette incorruption tant du corps que des vêtements de la Mère Catherine Castella ?

Nos corps, quelle qu'en soit la constitution, sont corruptibles. L'arrêt en est porté : « Tu es poussière et tu retourneras en poussière. »

Il est vrai que dans sa dernière maladie, qui fut un miséréré, on lui donna une dose de mercure. De savants médecins et physiciens, consultés à ce sujet, ont assuré que le mercure ne peut aucunement contribuer à la conservation d'un cadavre. Les corps de ceux à qui l'on applique les grands remèdes, tombent d'ordinaire en lambeaux et la pourriture les décompose avant le dernier souffle de vie. Il n'est pas rare de trouver du mercure dans les cimetières et les tombes ; cependant les corps qui y ont été enterrés sont entièrement consumés. Le local n'a pu davantage contribuer à cette incorruption, puisque, en moins de cinq ans, de tous les corps qu'on y dépose, il ne reste que les os et la poussière, à l'exception de celui dont il est ici question. Ce ne peut être le défaut d'air, car c'est l'usage de laisser l'entrée du caveau entr'ouverte pendant deux jours, afin que si la religieuse qui y a été déposée n'était qu'en léthargie, on pût incessamment, au moindre signe, lui porter secours. Il semble aussi que le cadavre de la Mère Joseph Chollet, si rempli d'humeurs et d'eau, aurait dû communiquer sa corruption à celui de la Mère Catherine, puisqu'il y touchait de tout son long. On ne s'avisera pas de dire qu'il avait été embaumé ; personne assurément n'en a conçu la moindre idée. Les médecins, physiciens et naturalistes, qui ont été consultés au sujet de ce prodige, ont convenu unanimement qu'ils ne connaissaient aucune cause naturelle de cette incorruption.

La Mère Catherine Castella, très exacte observatrice des moindres règles de son saint Institut, sans affecter aucun air de singularité, de dévotion outrée, sombre ou mélancolique, mais toujours gaie, polie, affable, fille d'esprit et de mérite, chérie de toutes ses Sœurs, n'a eu parmi elles que le mérite, grand sans doute, de la vie commune soutenue consciencieusement jusqu'à la mort. Or, cette vie commune suppose toutes les vertus et suffit à faire les saints.

TABLE DES MATIÈRES

FIN DE LA TABLE DES MATIÈRES.

www.ingramcontent.com/pod-product-compliance
Ingram Content Group UK Ltd.
Pitfield, Milton Keynes, MK11 3LW, UK
UKHW022044070726
13613UKWH00002B/671